Farewell
临终抉择

[美] 艾德华·科瑞根 (Edward T. Creagan)
[美] 珊德拉·温德尔 (Sandra Wendel) ◎著
吴秉宪 刘洋于今 杜依婷◎译 崇新云◎审校

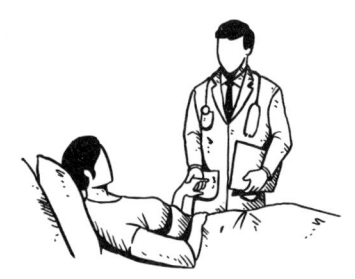

华夏出版社
HUAXIA PUBLISHING HOUSE

献给我的患者和他们的家人

感谢他们在人生的最后

与我分享他们充满勇气、坚韧和恩典的人生

推荐序一

做医生最艰难的一项工作，就是告诉病人及家属即将来临的死亡。在我 38 年的医生职业生涯中，我清晰地明了，一个充满悲悯心、同时对生命有深刻领悟和智慧的医生，告知死亡、陪伴死亡，对患者及患者家庭的影响是深刻而久远的。

在生命临近终点的时候，病人所思考的问题和健康的时候大相径庭，他们此时会更关注自己这一生是否活得有意义：我究竟是谁，我会去往何方，什么样的治疗方式能帮我保持尊严？

我陪伴过许多临终病人，耐心倾听病人的期待及要求，尽力帮助他们度过最艰难的时刻。有时我会坐在病人的床前，握着病人的手，努力帮助他减少死亡前的恐惧及身体带来的各种不适和痛苦。这个领域，这个时刻，需要医务人员和民众更多地探索，以及及早对此进行了解和提前做好准备。

我们是一个忌讳谈论死亡的民族。无论是急性病还是慢性病，在面对死亡的时候，我们永远也没有准备好。在每一场临终告别时，病人和家属都有太多的问题需要解答，很多时候，在医院里或在家庭中，他们并不能获得充分有效的帮助。在我新出版的《有效的医疗》一书中有一些关于死亡的章节，希望可以帮助到他们。我的内心里一直有一个期待，能有一位懂得死亡的医生，著书来专门帮助民众解决这一难题。似乎命运中有一种安排，在2022年4月，我有缘结识了科瑞根医生，我们这两位来自中国和美国的医生进行了两场线上的全球视频对话，发现我们对生命和疾病的意义、医生对病人的倾听及呵护、爱与慈悲是治疗的基础等观点如出一辙，并且就临终关怀和临终帮助的话题进行了深入的交流，引发了深度共鸣。于是，我欣然接受邀请为科瑞根医生的这本书作序。

科瑞根先生是美国梅奥诊所从医40年的一位资深医学博士和癌症专科医生，他照顾过4万多名临终病人，并帮助他们度过生命的最后时光。在本书中，他用大量的真实案例告诉我们：面对生命的尽头，我们其实可以有很多选择，病人可以为自己的死亡选择最有尊严的告别方式，家属也可以提前帮助亲人获得更好的支持和帮助，同时医务人员也可以为病人提供更多的安慰和选择，让他们保有希望和尊严，帮助他们减轻临终前的痛苦。

死亡，能让一个家庭分崩离析，如果我们懂得如何面对，或许可以开启一段真正的生命之旅，重返爱的旅程。很多时候，死亡已经不可避免，病人已经直面即将到来的时刻，可因为亲人的不忍放弃，反而让病人遭受更多的痛苦。在本书中，科瑞根先生详细地告诉大家死亡究竟是什么，死亡的过程是怎么发生的，详细地阐述了生与死的质量。我们可以选择按照自己的方式离开世界，我们的死亡我们可以自己做主，前提是我们要了解死亡，提前做好准备。

科瑞根先生是一位富有悲悯心和丰富临床经验的医生，这本书贡献了他一生的智慧，指导我们在生命的尽头，如何和家人一起做出让病人更有尊严的明智选择。目前，在中国，缓和医疗和临终关怀越来越受到重视。他山之石，可以攻玉，本书也为我们临床的医护工作者分享了很多生命医学的临床经验，是一本难能可贵的教科书。

在中国，大部分人临终时会选择在医院告别，随着老龄化社会的到来，我相信会有更多的人选择在家中、在亲人的陪伴下离世，因为家是我们的心安放之处。在本书中，科瑞根博士用非常细腻的文笔，描述了临终时病人的生命状态及临终时的环境要求，还有家人可以提供的帮助和支持，这为期待在家中送别亲人，尤其是送别老人的朋友提供借鉴。

科瑞根先生在本书中，对病人及家属如何应对坏消息，如何达成有效的医患沟通，如何选择最适合自己的医疗也提供了很有价值的观点。

我的《有效的医疗》一书帮助读者通过读懂生命警告、了解生命真相来实现有效的治疗。科瑞根医生的这本书揭开濒死过程的神秘面纱，帮助我们直面死亡，保持生命最后的尊严，进行隆重的谢幕，值得推荐。

徐梅

外科医生

云南瑞奇德医院院长

整体医疗实践者

《有效的医疗》作者

推荐序二

看完这本书有些感动，这样的阐述形式能更容易让我们每一个关注生命的人认识并了解到，当我们的生命中无论是自己还是亲友，在最终告别的时候，我们可以如何做，我们可以获得哪些支持，以及我们可以如何做好自己的选择。

科瑞根医生具有超过40年的安宁照护临床经验，从身、心、社、灵的维度，用深入浅出的表达形式，从罹患疾病的坏消息告知、召开家庭会议到选择医疗方案；从安宁缓和医疗的社会宣教引发的思考，像死亡成本，以及价格高昂的"看似英勇的积极治疗措施"，到生命末期的医疗常识、安宁缓和的理念；从辅助疗法的临床有效反馈，到葬礼的策划和墓地参观等，将一个个案例和场景、一段段关系从道德、伦理和法制的角度，全维度地呈现，这对于正在起步阶段的中国的安宁缓和医疗来说，极具启发意义和指导价值。

在提到关于辅助疗法和替代疗法在临终时的应用时，书中写道："虽然有些疗法还没有正式经过临床试验的证实，但已经很明显能提升患者的生活品质和舒适感"，其中提及中医针灸、推拿、冥想、芳香精油疗法及灵气疗法等的使用，这对于目前我们安宁缓和医疗的多学科融合探索和发展来说也非常具有指导意义和启发性。

有一种人，用一种独特的方式，在深刻地表达着自己对职业的敬畏、对社会的责任、对人类的守护！

这本书适合临床工作者、社会工作者，以及每个关注和热爱生命的人！

安丽丽

中国社会福利基金会安宁缓和医疗专项基金执行主任

芳香走入安宁病房项目发起人

生命质量支持中心项目发起人

资深芳香疗法专家

推荐序三

本书写给临终患者以及在病榻旁照护临终患者的人们（包括患者家属、社工、医护人员、临终关怀工作者等），在书中可以找到各种临终时需要面对的最迫切问题的答案。艾德华·科瑞根医生希望通过本书帮助读者了解，在人的生命走到最后一程时，如何更好地做决定，并通过实际案例及总结让我们深入了解安宁缓和医疗为何要做、如何做以及取得的成果——重病中（尤其是罹患癌症）的人由此实现"善终"，实现"美好的告别"。

"美好的告别"是目标，更是循序渐进的过程。书中的这些内容，让人印象深刻：

第一，要实现这个目标，需要一个不仅关注"疾病"，更关注"病人"的缓和医疗团队，陪伴患者和家属一起走完这段人生旅程。

第二，缓和医疗团队不仅能帮助我们管理疼痛、呕吐等症状，还能帮助患者和家属理解疾病的预后，让他们做出合理的决定，以避免过度医疗，同时给告别留出时间。

第三，缓和医疗团队的任务包括培养患者对生命的目的和意义的感受，让患者完成未尽事宜和责任，让其了却尘世之事，尤其是使其达成和解，获得安宁。

第四，缓和医疗要"尽早开始计划"，安宁照护仅是缓和医疗中的一小部分。

第五，缓和医疗的几点原则是：其一，了解患者本人的意愿和决定是什么；其二，生活品质和死亡品质是关键所在；其三，患者是治疗中心，但疾病对整个家庭的影响也不容忽视。

第六，作为照护临终患者的我们，在病人的临终时刻最重要的是尽最大的努力——没有后悔，并认识到我们的生命因为我们触摸过的灵魂、治疗过的伤口以及修复的关系而有了意义和目的。人生是一场旅途，死亡的过程是这场旅途最后的部分，死亡只不过是最后一刻，我们都是生命旅途中同行的过客。圆满生命的最后1%的旅途，是每个人都要完成的功课。

感谢艾德华·科瑞根医生将自己近40年的安宁照护、缓和医疗的专科经验与我们分享，向我们全面而完整地展示了美国安宁缓和医疗的全貌。尤其难能可贵的是，他将解决照护者的最迫切问题的原则、方法和技巧全部呈现，细致到用怎样的语句来询问患者的意愿，使我从中受益匪浅。

这本书我将随身带上几本，无论在医院，在病房，在课堂，还是在政府机关的办公室，面对所有关注和正在照顾临终患者的人们，当他们提出最需要解答的迫切问题时，我都会送给对方一本，并为其翻到问题相关的某一页，展示答案以作为参考和指导。

王錩

中国社会福利基金会安宁缓和医疗专项基金秘书长

生命质量支持中心创办人

1% 幸福俱乐部创办人

序

我将毕生奉献给死亡。

在过去的40年里,我在明尼苏达州罗彻斯特的梅奥诊所工作,实际照顾超过4万名临终的患者,陪他们度过在地球上最后的时光。我握住他们家属的手,和他们一同祈祷,并且倾听他们,回答他们的问题。(虽然并非所有问题都有答案,例如:我还能活多久?谁会陪伴我?我的家人会原谅我吗?我会很疼吗?)

本书的主旨在于探索这些最终的日子该如何度过,让人们能够带着盼望、爱和怜悯与人生告别;

在于当爸爸、妈妈或挚爱之人没办法做决定时,能够替他们在临终时做决定;

在于了解临终之人的内心在最后一天、最后一小时、最后一分钟乃至最后一刻会发生什么;

在于正视死亡,也许需要做一些计划,在紧握住挚爱的临终之人的手后,过不一样的人生;

在于从绝望中给予希望;

在于从医学的角度理解死亡，等等。

我受训成为一位肿瘤科医生、一位癌症专科医生。我明白心脏疾病是最常见的死因，但癌症是最令人害怕的疾病。患者宁可被告知他们的心脏开始渐渐衰竭，也不愿意知道自己的胰腺、肝脏、肺脏或乳腺长了一个肿瘤。

许多癌症患者能被治愈，并且能健康地存活很长时间，但是其他人就没这么幸运了。我很遗憾地将此事告诉前副总统乔·拜登[1]，他当时负责推进癌症的治疗和治愈研究。但事实上，虽然从尼克松总统时期就已经开始立法和建立研究基金，但我们和癌症的斗争至今仍需要多方配合作战。是的，我们有过一些令人兴奋的研究成果，但是，癌症的范围很广，我们仍要为之奋斗很长时间。

当我们癌症医生，特别是当我在梅奥诊所工作时，看到那些病入膏肓的患者，我们能够提供的治疗是安慰、给予尊严与选择以及希望。没有万灵丹，也没有神仙药。

当我们的患者面对他们的死亡时，我们将我们的照护延伸为缓和医疗，这是一种管理患者的症状并提供治疗让患者感到舒适的医疗方式，并且为那些只有几个月可活并决定不再为自

---

[1] 如今为美国现任总统。——编者注

己的晚期疾病寻求积极治疗的患者提供安宁照护。当然，我们很高兴也很惊讶，一些患者会顽强挑战现代医学还未能攻克的领域，但往往我们只能到病床边，和患者家属一起围绕在患者身旁，安慰他、哄哄他，然后和他说再见。

我有内科、临床肿瘤、缓和医疗和安宁照护的执照，我是第一个在梅奥诊所获得缓和医疗和安宁照护认证的医生。我感谢成千上万的患者以及他们的亲眷，允许我参与他们人生的最后一程。现在我逐渐从临床工作中隐退，我要将我的故事留在本书里，总结我多年来和许多与你情况类似的家庭相处的经历。

本书讲述的是临终的事情。美国的婴儿潮一代现在正在和他们的父母告别，并且正在面对自己的死亡。在完美的世界里，我们很长寿，然后死去。这叫作压缩的死亡过程，意思是我们将生命活到极致，没有疾病或痛苦，最后自然地在睡梦中离世。

但死亡常常不是这样发生的。

我不是指突然发生的意外死亡，我是指时间漫长的、久病不愈的、失去生存能力的情况，这时必须做有关照护种类、照护程度以及照护地点的决定，也必须预估存活时间，衡量时日尚存多少。

疾病能撕裂家庭，不只是从心理层面，还从财务及地理位置等层面。有时候心愿还未完成，浪子还没回头，过去的悔恨浮出水面。患病之后，患者及其家属也许会习惯餐桌上少了一人的新的生活模式，但是生活已经截然不同了。

在我开始解释本书的内容之前，我要先说说本书不涉及的内容。

本书不讲安宁照护的历史。如果你希望在这方面了解更多，请参阅《安宁治疗与缓和医疗手册：临床指南》（*Hospice and Palliative Medicine Handbook: A Clinical Guide*），由苏珊·波特科和凯西·利根两位医生所著。

这不是一本处理病危诊断以及帮助你逐渐接受死亡的书。如果你希望通过一本专业书籍来学习面对病危的生死问题，请阅读兰迪·波许教授的《最后的演讲》（*The Last Lecture*）这部经典之作。另外一部反思死亡的难忘著作，是保罗·卡拉尼什医生所著的《当呼吸化为空气》（*When Breath Becomes Air*），他自己既是患者也是医生。

本书不是从医生的视角出发对生命做出存在性评估。我希望我有足够的才华写出《最好的告别——关于衰老与死亡，你必须知道的常识》（*Being Mortal: Medicine and What Matters in the End*）这样的著作，而阿图·葛文德医生已经做到了。

我尝试用本书填补另一隅，希望书中的信息能帮助你更好地做决定：例如是否停止父亲的化疗，或者判断他能不能再进行一次手术；决定母亲应该在养老院度过人生最后一程，还是应该回到家中，在家人和爱的陪伴中过世；权衡碧娅婶婶是否有能力决定她要不要插喂食管，还是表弟法兰克可以（甚至应该）做这个决定……还有其他在病床边、临终时需要面对的抉择。

前第一夫人芭芭拉·布什决定在医院里和医院外都停止一切积极治疗，在亲爱的家人的陪伴下回家，并得到舒适的照顾，直到过世。这些勇敢并充满爱的情景每天都在许多家庭中上演。

在写本书的时候，我和许多像你一样的人谈过。即使他们的挚爱已离世多年，他们对病床边的经历仍记忆犹新。他们讲述了自己的故事，而我们在本书中总结了一些他们的智慧。我们对他们满怀感恩。

很遗憾，许多阅读此书的人也许正在病床边照顾身体每况愈下的挚爱，并处在医疗风暴的中心。多年来，我给予了千千万万的家属及患者希望，而我希望你们通过阅读本书也能获得这样的希望。我不认识你，但是我明白你的处境，以及你需要回答的问题。

让我们开始吧。

如何在病床边使用本书

我知道，面对危急情况时，患者家属无法坐下来一页一页细读本书。你做不到，你很难专心，身心俱疲，你面对的是不确定的未来，并且正被要求做出生死抉择。

试读本书的读者经常告诉我："我希望我在病床边照顾妈妈时手上能有这本书。"我们在编辑本书时，力求能够回答你可能面对的最迫切的问题。先从目录中找到对你最重要的章节。我会在书中重复讲述一些内容，因为我知道你不会全部读完，这样如果你需要的话可以在某些主题上深入探究。

我和我的合著者欢迎你在本书的网站www.AskDoctorEd.com 上写下你的反馈，这样我们就可以把你的宝贵意见和建议整合到下一版中，让未来面对同样境遇的家庭参考。

愿你平安顺遂。

目录
Contents

第一章	我们何以善终？	1
	我在病床边学到的	7
第二章	临终时会发生什么？	8
第三章	死亡，究竟是什么？	16
	维持某人的生命（但他们真的活着吗？）	18
	了却过往	19
	死亡的过程	22
	生与死的品质	26
	尊重文化信仰	29
第四章	我们难道没有死的权利吗？	32
	按照你自己的方式离世	35
第五章	不应忽视临终者的人生故事	36
第六章	医生带来坏消息时该怎么办？	46
第七章	"医生，我还能活多久？"	53

	乐观主义的问题	58
	"医生，你会怎么做？"	61
第八章	分享我的缓和医疗经历	63
第九章	缓和疗法如何适用？	70
	咨询缓和疗法的方式和时间	78
	临终阶段的缓和疗法	80
第十章	缓和疗法和安宁照护如何演变为临终护理的重要组成部分？	83
	缓和疗法简史	86
	美国联邦老年医疗保险的安宁照护福利	87
	为难题寻求答案	91
	决策能力	94
第十一章	什么是安宁照护？	98
	安宁照护的类型	100
	一些个人见解	103
第十二章	为什么家庭会议至关重要？	105
	家人无法达成共识怎么办？	109
	当安宁照护作为一个候选	116
第十三章	什么是以患者为中心的临终照护？	119
	赋权于患者，知会家属	123
	希望一直都在	125
第十四章	何时开始和结束药物治疗？	**128**

第十五章	我们如何缓解疼痛？	132
	治疗疼痛三步骤	136
	控制止痛药物的副作用	140
	上瘾怎么办？	142
	顽固性疼痛	144
	类固醇	145
	抗抑郁药物	146
	另类疗法	146
第十六章	我们如何控制其他症状？	148
	对窒息和呼吸急促的恐惧	149
	无法吞咽、害怕呛食	151
	缺乏食欲、体重下降	151
	失禁	153
	无法说话	154
	疲惫	154
	恶心和呕吐	155
	肠梗阻	156
	谵妄、精神错乱	157
	睡眠不足	158
第十七章	医生如何处理死亡？	160
	充血性心脏衰竭	161
	痴呆症	164

	慢性阻塞性肺部疾病	168
第十八章	"不施行心肺复苏"到底意味着什么？	171
第十九章	人之将死，其言也善	177
	如何展开床边的对话	182
	临终患者的遗言以及背后的原因	184
	贪婪（谁将继承多少财产）——直白却不简单	186
第二十章	谁来终止这一切？	189
	决策时刻	197
第二十一章	如何解决临终决策上的道德困境？预立医嘱和医疗代理人的角色	199
	预立医嘱	200
	患者的权利和照护者的责任	204
	以患者的需要为第一要务	207
	医疗代理人的责任和担忧	208
第二十二章	了解预立医嘱	212
第二十三章	谁会来到病床边？	218
	家庭医生	219
	保险公司	219
	外来的照护者	224
	不速之客（不论人是否到场）	226
第二十四章	什么是医生协助自杀？	228

第二十五章	我们如何为因生命的逝去而悲伤和失落提供帮助？	234
	斗争不够努力的荒谬论	237
	灵魂的痛苦	239
	灵性与宗教	242
	半满的杯子	244
	活着的人的悲伤	246
第二十六章	谁来照顾那些照护者？	250
	照顾你自己	252
	安宁照护和缓和医疗如何帮助照护者	256
第二十七章	如果医生要求尸检	259
	器官捐赠	261
第二十八章	我们如何策划葬礼？	263
第二十九章	有人考虑过死亡的代价吗？	266
第三十章	临终时辅助疗法和替代疗法扮演什么角色？	272
第三十一章	我们学到了哪些功课？	276

附　录	282
致　谢	283

第一章

我们何以善终？

电话是星期天一早打来的，那是1992年凛冽的二月天。那通电话永远地改变了我职业生涯的方向。电话那头是威利，我母亲的第二任丈夫。威利是参加过二战几场最惨烈战斗的美国"最伟大的一代"。他经历过北非坦克大战，以及意大利的蒙特卡西诺和安齐奥战役。和许多从战场归来的老兵一样，他从未真正谈论过那些经历。

威利高中辍学，是个好人。他东拼西凑买下了几个酒桶，以及新泽西州纽瓦克的一家酒吧和两间酒铺。我因此在"泡吧"中度过了大部分成长岁月。

我母亲因乳腺癌和酗酒在20世纪80年代过世以后,威利就和我逐渐疏远了。其实我们一开始就不怎么亲近,他曾是蓝领工人,离不开烈酒、啤酒、法兰绒衬衣,而我更专注于学术和校园活动。我们会在父亲节和圣诞节尽义务一般给彼此打电话,但我们的世界非常不同。

那个星期天接起电话时,我很明显能听出威利生病了。他一直嗜烟酗酒,电话那头的他声音沙哑、呼吸急促,虚弱却很惶恐。他告诉我他咳出的痰里有血,我担心是肺癌。

威利来梅奥诊所找我,我是这里的癌症专家。手术当天早上,我们在他的胸骨后面切开一个口子,取淋巴结化验。如果这些淋巴结没有癌细胞,威利的病肺会被切除,并有希望由此治愈。

在手术进行了20分钟左右,我接到外科通讯护士的电话,她说手术医生想见我。这不是个好消息,因为如果是病肺切除的话,手术过程应该需要4个小时。我对那次交谈记忆犹新,仿佛就发生在昨天。

忙碌的手术室里围满了团团转的医护人员,手术医生向我打了招呼。他穿着罩衣,戴着手套和口罩,我很难听清楚他说的话，但我还是听懂了他说的噩耗："淋巴结全是癌细胞。我们已经无能为力。"

我目瞪口呆、不知所措、无法动弹。虽然我已经做了20多年的癌症医生，却还是被这一消息打了个措手不及。整顿好思绪、稳定情绪后，我去见了威利。我们相拥而泣，也试着为下一步做了计划。

我不再详述后面的情况，但那是我第一次如此深刻地认识到，必须用一种更慈悲的方式来传达坏消息，并改善患者和家属在生命中最煎熬时期的生活品质。

威利在生命的最后几个月并不舒坦。他出现了肺癌所有能料到的症状：呼吸急促、疼痛、便秘、失眠和过度焦虑。他还遭受着一种精神痛苦，这种精神痛苦也被称为存在危机。简而言之，他思索着一些哲学问题：**生命究竟是什么？我的生命有意义和目的吗？我好好活过吗？我会给后人留下任何东西吗？**其中没有任何关于爱或原谅的表达，也没有关于尝试修补关系或结束痛苦的回忆。

我下面的话是想开诚布公，而绝不是批判。在20世纪90年代早期，没有多少人认识到精神因素对癌症患者的影响，那时的医学界对安宁照护知之甚少。威利在当地医院煎熬了几个月，因为病情恶化，我们不时要把他送进重症监护室。最终，他死了，成了一个愤怒、怨怼以及被剥夺了权利的人。

这完全不是我们了解到的"善终"。讣告里经常会描述患者在家中离世，没有痛苦，非常安详，周边围绕着深爱他的家人。患者安详永眠，享受来世的福报，这是我们都会幻想拥有的死法，但死亡不总是这般安然。

让我来解释一下。根据包括美国国家老年化研究所在内的不同机构的研究人员的研究，因癌症而走向死亡的人们在生命最后一年的初期都有较好的自理能力（例如照料自己、穿衣、沐浴和进食），但在死前3个月能力会逐步丧失。患有器官衰竭的患者，例如患心脏疾病的人，病情会起起伏伏，但在死前3个月自理能力会严重丧失。孱弱的老年人在生命的最后一年里会明显地每况愈下，反复进出医院，在生命的最后一个月会极度依赖照护者。

我在北卡罗来纳州退伍军人事务医疗中心的安宁照护部门和其他部门的同事合作进行了一项具有里程碑意义的研究，询问患者、家属、医生和其他医护服务提供者，对他们而言临终时什么最重要，其结果发表在《美国医学协会杂志》上。

下列内容摘自该研究结果。被评为"临终时最重要"的内容包括：疼痛与症状管理、医患沟通、为死亡做准备、有机会感到人生完满，等等。下列内容被参与该研究的70%以上的

患者评为"重要",想想看你认为重要的有哪些:

· 保持清洁卫生;

· 指定一位做决定的人;

· 有一位相处愉快的护士;

· 知道自己的身体状况会有何变化;

· 有能倾听自己的人;

· 维持自己的尊严;

· 拥有信任自己的医生;

· 料理好财务;

· 没有疼痛;

· 保持幽默感;

· 和重要的人道别;

· 不会呼吸急促;

· 没有焦虑;

· 有能与之讨论恐惧的医生;

· 医生把自己当作一个完整的人看待,而不只是一位患者;

· 与亲友了却未尽事宜;

· 有身体接触;

· 知道自己的医生能自然地讨论死亡及临终;

· 与密友共度时光;

- 相信家人为自己的死做好了准备；
- 感觉自己为死亡做好了准备；
- 有家人在身边；
- 以书面形式记录下自己的治疗选择倾向；
- 死时不孤独；
- 记得自己的成就；
- 获得私人医生的照护。

美国加州大学圣地亚哥分校医学院的研究人员完成了一项类似定义"善终"的文献研究。在与患者、家属和医护服务提供者面谈后，他们归纳出以下11个主题：

- 选择自己的死法；
- 无痛状态；
- 虔诚信仰/灵性；
- 情绪良好；
- 人生圆满；
- 治疗偏好；
- 尊严；
- 家庭；
- 生活品质；

・与医护服务提供者的关系；

・其他。

此结果刊登在《美国老年精神病学杂志》上。

我非常同意研究人员给出的一条建议，因为我在病床边也是这样做的：询问患者对他们而言，为了能"善终"，什么是最重要的，之后为他们尽力去实现。我认为，让家人询问他们的所爱之人同样的问题合乎情理：你最关切的是什么？

我在病床边学到的

在如何更好地度过临终时日这一问题上，威利的经历为我打开了一扇门，也开拓了我的思维。我将在本书中分享自己从亲身经历中所学到的，以及从其他医护人员处理复杂的医学领域的难题时所学到的。那些经历中法律、道德和医护的相互联系错综复杂、规则模糊，做决定时经常要基于道德、宗教和精神层面的考虑，但我们也可以从中改善患者和家属的生活品质。因为只有这样，我们才能美好地告别，并让这份美好名副其实。

第二章

临终时会发生什么?

"那是在家里,我睡在我姐姐躺椅边的椅子上,她即将不久于人世。周边围着她的爱犬,5只小吉娃娃蜷缩在她的腿和肩上。她已经好几个小时没说话了,那是她走前第4天。"这些是我的合著者的回忆,她的姐姐当时64岁,因气管癌病危。

3月31日凌晨0:30

"我被一种刺耳的声音惊醒,那是挣扎的呼吸声。于是我用 iPad 在谷歌搜索了'死亡喉鸣'。没错,那就是我听到的。我姐姐已经不能说话了,她已陷入深眠。之前我们按服药计划定时给她使用吗啡和劳拉西泮。

"我给安宁照护机构打了电话。他们确认我听到的是死亡喉鸣,并让我去拿他们之前放在冰箱里的急救药包。我记不清那是什么药了,只记得是用来干化喉咙分泌物的。几小时前我们已经拿走了氧气包。我那天给安宁照护机构打了好几次电话,在一次通话中,工作人员说吸氧已经没有意义了。"

3月31日凌晨2:45

"我们开着电视,不是为了浏览世界新闻,而是需要声音和光带来慰藉。在电视闪烁的光亮里,我醒来,听到一片沉寂。不再有死亡喉鸣,不再有挣扎的呼吸声。狗狗们本能地离开躺椅,跑到房间的其他椅子上,它们的任务完成了。我的姐姐已经去世。我感到极度的冷静,事实上是解脱,因为她不用再受苦了。同时,我也感到巨大的悲痛。"

我们很多人从未目睹过死亡的过程。以前在农业社会,农场的动物都有生死,每个人都熟悉生死循环。而今天则不一样了。

我们需要承认，将死之人就像被"损失"所环绕：体能和意识的损失，社交和情感的损失，还有质疑他们信仰体系的精神损失。

且让我来带你了解死亡的全过程，让你对会发生什么有些了解。

虽然因人、因情况而异，但我们大部分人（大约占85%）会经历一个延续很久、持续发展的死亡过程。然而，在终末期会有较明确的征兆，预示死亡即将到来。这对家属来说可能是很大的慰藉，因为这可以为即将发生之事提供一个大概的时间表。

对大多数家属而言，配偶、伴侣或某位家庭成员的死亡，如果有体贴的、悲悯的预先计划来引导，可以让这段时期非常充实。

从临床角度来说，死亡有几个强烈可预测的阶段。

初期特点是疲劳和虚弱感加速，睡眠时间增加。你的所爱之人参与对话的频率减少，他们极易分心，更多时间处于半植物人状态，很难被唤醒。

这样的状况持续几小时或几天后，他们会变得有些迷糊。他们可能会手脚发青，无法闭眼，嘴也可能一直张着很难合上。除去这些临床的征兆，从生到死是一段神圣的路途，若用尊严、恩典、怜悯和爱使它变得荣耀，可以带来情感、心理和精神上的充实。这适用于死亡过程的所有阶段，因为神圣通常是控制一切的元素，让所有在场的人感到神秘和谦卑，包括我们医生。

回到我们对临床情况的讨论。一旦某人进入死前身体机能快速下降的状态，虽然剩下的时日长短迥异，但通常至多能再活一到两周的时间。很多人变得筋疲力尽、精神涣散；很多人停止进食进水。到此阶段，大概能再活8~10天，对于营养良好、相对年轻的人来说，或许能活得再久一点。

通常死亡过程中会发生什么呢？

大约一半的人在死亡的过程中会发出一种刺耳的咯咯声，这通常被称为死亡喉鸣（就像前面我的合著者对她姐姐的死亡过程的记述）。这可能会让家人感到悲伤，但对快离世的个体而言通常意义不大。只要让这个人侧躺，这种声音通常就会减小。

呼吸声音的改变或死亡喉鸣的出现通常预示着死亡将在24~48小时之内发生。有些药物可以干化喉咙分泌物，或许能减轻这种声音，但大部分情况下这些药物没有必要使用，也没有帮助。

我们医生常面临的一种窘境是如何通知即将离世之人的住得很远的家属，这确实是种挑战。一般的方法是鼓励家属在合理的时间内赶到病床边。随着时间的推移，即将离世之人会变得更加意识不清、难以进行交流，而修补和改进关系这些重要工作只能在这个人还能对话的时候进行。

对患者和家属来说，时好时坏的意识程度、精神错乱以及幻觉会带来难以想象的痛苦。因此，如果某位"正在等待临终时刻"的人住的地方较远，那么早去探望比晚去探望对所有人来说都会更加令人宽慰。

我亲眼见过这样的情况：关系疏远的儿子在父亲咽下最后一口气时赶到。没人知道死亡的过程会持续多久，但某人一旦步入这一过程，我就常常叮嘱任何想来探望的人都应尽快。在有些情况我甚至要求，作为慈悲之举，应提前释放囚犯或加快保释流程，好让家属可以与即将离世的人相见。而另一方面，我也建议过把婚礼和其他庆祝仪式提前，在死亡到来前完成。

约三分之一的人会在死亡过程中出现小便失禁。毫无疑问，约一半的人会易怒、糊涂、躁动。家属常能见到的让人不安的迹象是患者的手臂和腿突然开始抽搐，有时甚至剧烈到要掀翻床铺。这被称作肌阵挛，不太常见。这不代表癫痫发作，通常可以反映出身体机能的变化；这在服用吗啡之类的鸦片类止痛剂的人群中尤为常见。

与讣告里描述的安详离世不同，在复杂的死亡中，有肌阵挛的患者饱受手臂和腿抽搐的折磨，也会经历无法控制的神经错乱，这两种情况都让家属备受煎熬。对于大多数患者来说，这些症状直接由服用吗啡或类似的止痛药物引起，因此你要向医护团队咨询这些症状并请他们调整用药，这很重要。

虽然有些人可能会陷入昏迷，但大多数的人（约占90%）可能仍需要继续服用止痛药物。如果某人无法口服药物，在舌头下滴一滴吗啡浓缩液会有极大助益。也可以用栓剂，但这一般不为患者或家属所接受，除非医护专业人员开了这种药（栓剂会被直接塞入直肠）。

呼吸急促是另一种常见的困扰。虽然支持使用氧气的数据让人感到可疑（氧气可能无法延长生命，而且在这一阶段缺少氧气也不会危害到患者），但对家属来说是一种心理安慰。焦虑可能导致呼吸急促的加剧，而医生可能会建议使用劳拉西泮这样的药物来减轻焦虑，还有使用吗啡来减少缺氧。

虽然原因尚不清楚，但向患者的脸庞缓慢地扇风可以带来安慰的效果。想想看在车里坚持要把口鼻伸到窗外的狗狗。脸部有纤细的神经终端，空气的流动可以为其带来极大的安慰感。

在病床边我们还能做些什么？让房间有光照，保持平静的气氛，再在床边放些患者熟悉的东西，例如照片、与信仰有关的物品、一本日历、一个闹钟……这些通常都会有帮助。还可以放点音乐。如果患者住在离家较远的医院或安宁照护机构，不要忽略他最喜欢的枕头或毯子，或者熟悉的被子或手工编织的毛毯。

患者的饥渴是照护者常有的担忧之事。口渴从来不是大问题，注意口腔卫生，用适当的药棉擦拭；用碎冰、冰棒、冰镇后融化一半的佳得乐（一种运动饮料），或者用柠檬汁或相关制剂，都可以让患者感到非常舒服。

多项研究已经证明，听觉是人们最后丧失的感官。因此，我们必须意识到，快离世的患者或许已经陷入昏迷或沉睡，但很可能还听得到床边的交谈。说话请怀着尊重且审慎之意，因为不是只有你一个人听得到。事实上，在很多现实的案例中，苏醒过来的人都说他们在昏迷中能听到周边的声音。

如果你很想做些什么，就坐在床边握住你所爱之人的手，这会让他感受到温柔和镇静。和他说话，告诉他你的感受（例如："妈妈，你总是在我需要时帮助我。我会想你的。"或者"我不是最好的姐姐，但我们一同经历了许许多多。你要离我们而去了，我们会记住你的慷慨和明媚的笑容。"）。这当然不是重提往事的时间，而是温柔地把他们送走的时刻。带着宽容，无论是说出来还是心想着，告诉他们可以安心地离去，让双方都能安详。

虽然我们无法确切预料死亡的时刻，但如果某人出现了死亡喉鸣（注意这不会发生在所有人身上），昏迷程度加深，四肢开始发青，那么死亡通常会在几小时或几天内降临。

大部分家属完全没有为死亡真正到来时翻涌的情感和体会做好准备。那是神圣的一刻。那是生命终止的时刻，会无比安静，甚至令人感到神秘或被抗拒所笼罩。

唐娜·米斯巴赫在她的书《从悲到喜》(*From Grief to Joy*)里写道：

> "母亲的离世和我之前经历的另外两位至亲的离世不同。我的丈夫和我的父亲都是突然过世的，而母亲则不一样。她的离途非常祥和。我们一起共度了最后一天，她虽然一个字都讲不了，但我们不需要言语。我们看似被包围在一个神圣的空间里，身处其中我们就很满足了，让该发生的自然发生着。明白谁都无法阻止它，我们就全然地去接受，让她进入我们还未能解开的神圣之谜。"

在家人离世前能到床边去探望，甚至死亡降临时能在场，那会成为深嵌于几代人的脑海和灵魂中的经历。那是非常感性的时刻，带着释然和悲伤。任何伴随某人走过最后旅途的人都永远不会忘记那些时刻。

第三章

死亡，究竟是什么？

布莱恩遭遇了严重车祸，导致重度脑损伤。他靠人工呼吸机维持呼吸，依赖人工肾（透析），靠大量静脉注射液体和药物维持血压并防止感染。他基本没有好转的可能了。他现年44岁，出事前身体健康，而到什么时候我们才能认定他"死了"呢？

这不是医学院考试的试题，而是全国各地的急诊室和重症监护室里每天都在上演的真实戏码。

死亡的惯常定义是维持生命机体的生物功能的停止。医学界普遍认为这是一个合适的定义，但随着现代科技的发展，死亡的定义变得更加复杂。

虽然这些对死亡的判定难以统一，但大部分医护专业人员有一些共识：某人如果没有人工干预便无法维持生命（例如维持布莱恩生命的那些干预措施），并且脑电波测试显示没有活性功能，那么这位患者可以被依法宣告死亡。如果这些干预被停止，很明显生命也会停止。

脑死亡的争议总与深奥的哲学及信仰纠缠在一起。脑死亡常常被定义为完全丧失脑功能，包括维持生命需要的非自主性功能。这和持续性植物状态（植物人）不同，植物人是"活的"，并且尚存一些自律神经功能[1]：一个人能在这样的植物人状态下存活数十年。

在对这些患者的管理上有激烈争议时，寻求合适的专业人士的建议肯定很重要，例如神经学家和安宁照护顾问，有的情况下还需要医学伦理专家。

认定患者何时"死亡"的问题，是富有争议且模糊不清的，对家属和医疗团队而言，这可能会带来极大的苦恼。

在过去，即现代复苏术和科技出现之前，患者通常在心脏

---

[1] 自发的活动，例如由神经系统掌控的呼吸功能。——作者注

停止跳动时被宣布"死亡"。医生会听患者的胸部，如果没有心脏的跳动声，也没有脉搏，那么患者被视为已死亡。

然而，随着插管、肺部支持、透析和其他支持性干预的使用，死亡问题可能充满了法律、道德和医疗风险。

目前对死亡的认定这一领域的趋势侧重在脑功能上。在极少数的例子中，有些患者能从不可逆的脑功能停止中恢复过来。这需要脑波分析结合神经学检查，由在该领域具有专业知识的神经学家执行并记录。某些反射或自主症状体征的存在或消失，表示患者没有合理的存活可能。

我们都听说过一种罕见但惊人的情况：某人已被视为死亡，但是又自己醒了过来。这些超常的罕见情形确实会让情况变得复杂。通常判定死亡的依据是没有自主呼吸、心跳永久停止和脑功能终止。这些与《统一死亡判定法案》一致。

随后，权责部门会从法律角度宣布此人已经死亡，并记录下时间。根据所在州的法律，权责部门通常是医院的医生、安宁照护专业人士（如果此人在家中或安宁照护机构死亡），甚至是警长、养老院医护人员、法官或其他法律执行人员。

维持某人的生命（但他们真的活着吗？）

面对是否用人工方法维持某人生命的艰难抉择，家属除了考虑医护团队的建议，很可能还会咨询心灵顾问或社区宗教领袖。

在没有法律授权（例如没有给予个人律师医疗决定权）来做这些关系到生死的决定时，当家属要考虑是否停止肾透析或摘除呼吸器时，对以下问题的思考往往能让人获得慰藉：如果能让时间倒流一小时，母亲（患者）此时此刻还坐在病床上，她会告诉我们什么愿望？

大部分做出这些困难决定的人能够获得慰藉，例如，停止机械干预及其为患者带来的所有痛苦，免去让他们受罪，让那些能在自然状态下离世的患者安然永眠。

了却过往

无论是做不动产计划还是修复受伤的感情、终止一生的嫉妒或争吵，了却这些事情是全家在患者生病初期就应该做的。让该了结的画上句点，这很重要。然后将重心放在死亡本身的事务上，正如杰出的安宁照护医生艾拉·比奥克博士在许多书中概述的。

下面列述的事务在原文的基础上有所修改，可以为家属理解患者的需求提供重要引导。

- **寻求原谅**。这是极为常见的表现。我们每个人都犯过错，我们每个人都伤害过别人。许多家属或生意伙伴在病床边与患者和解的场面至今仍浮现在我的脑海中。

- **原谅自己**。比奥克博士提到给予原谅，而我最常见到的是原谅自己。绝大部分的癌症病因与生活方式的选择有直接关系，例如吸烟或暴晒。同样，很多心脏疾病也能够反映生活习惯，例如不爱动、饮食以高脂食物为主和压力过大。我几乎没见过哪位患者从自己身上找他们患病的原因。然而，当患者承认自己也有责任时，他们会获得极大的平和与释怀。

- **感谢**。感恩深嵌于几乎所有患者的灵魂中。我经常会被一些患者打动，他们正处在某种疾病的末期或将不久于人世，但仍然问候我、关切我。这种在生命末期疾病缠身时却主动问候他人的能力，是一剂安宁祥和的良药，而对爱的表达更是能创造奇迹。触碰、拥抱或写字条感谢家属或照顾自己的人，是在温和地说："我拼尽了全力，需要休息了。没有你们，我无法做到。现在，是该道别的时候了。"

我们需要了解的是，这些事情不总是按可预见的形式发展。有些患者因为文化或社会经历，无法表达感谢和爱，这没有关系。

坎蒂告诉过我，虽然医护人员按照家人希望母亲安详离世的信仰诉求，移除了营养液和床边其他的监护器，但她亲爱的妈妈一直不愿离去。负责全天照护的护理人员非常震惊，因为她妈妈坚持了一天又一天。

"她是不是还在等谁？"护士们问坎蒂。

"没有，我们都到了。"坎蒂说，对她妈妈在等什么感到疑惑。

家人在床边守夜的第 11 天，坎蒂的两个已经成年的孩子发生了激烈的争吵，他们向来关系紧张，但两人在那晚最终冰释前嫌，重归于好。而坎蒂的母亲，他们的外祖母，于隔天早上离世。

没人能解释这种现象，但这绝非偶然，我见过很多这样的例子。家人之间关系和解、表达原谅、弥补过错、道歉、说出秘密、做出承诺、消除内疚和误解、宣泄不平……每个家庭都有这样的包袱，这些往往会在家庭成员的临终时刻浮出水面，通常都能获得解决，至少可以被接受和平和面对。

经常有人问我，是否应该放手、允许某人离世。我会很自然地给予肯定：是的，有些患者确实需要得到离去的许可。你可以让姐姐放心，告诉她大家都爱着她，知道她尽力了，知道她一直在和疾病顽强地抗争，并且你会帮她实现遗嘱；你可以在母亲的耳边轻轻地告诉她，大家都到了，她可以安心地走了；你可以握住父亲的手，告诉父亲他是多么坚强，而你也会在没有他的日子里坚强地活下去。每个家庭都可以找到自己的方式，让家人的离去变得平和。

死亡的过程

死亡，是一个过程、一种演变、一段旅程。每位患者在死亡的过程中都有独特的心理、精神和生理体验，但也有极其相似的特点。此外，我们应该了解一些基本可预见的生理和医学过程。现在，我们来进一步探索死亡的过程。

大部分患者家属没有目睹过死亡，所以完全无法为这种经历做好准备，而这可能会带来沉重打击。下面的内容可以帮助家属了解，患者在死亡的过程中会发生什么。

患者会感觉疲倦，这意味着像坐到椅子上这样一些简单的动作都会让他们非常吃力。他们也会因为疲倦而难以集中精神，我们要明白，应该限制外人探望临终患者的时间，因为患者没有足够的精力。

患者会逐渐变得沉默寡言，没有太多精力参与社交活动和对话。因此，探望重病患者时必须明白，闲聊日常琐事会让患者消耗很多精力。访客可能会聊天气、其他家人的消息或者即将到来的高中毕业典礼，他们会感觉气氛尴尬，硬找话题和患者聊天。

好吧，正如喜剧演员伍迪·艾伦所说，人生有80%的时间都在抛头露面。所以，只要露面就行，你不必说任何话。你亲自到来就足以为患者在这困难时刻提供强有力的支持。把关于球赛分数的闲聊留给在医院等候室、养老院走廊、安宁照护病房的家属等候区等待的家属，如果去患者家里拜访，可以在厨房和家属聊天。

我们的文化以餐饮为中心。想想看，我们的文化中几乎所有和人有关的重要事件都与烧烤、野餐、正式晚宴、午宴相关。家属们需要理解，随着死亡过程的发展，患者对于吃喝的动力会极大削减。

患者几乎不想吃喝，因为他们会食欲不振，而且口渴的感觉通常会在几天之内消失。家属有必要了解，强迫患者饮水或给患者"灌食"没有好处，因为这会带来负面影响。

现在我们花一点时间细说一下喂食管的问题。毫无疑问，这几乎在每位患者身上都会引发争论，例如家属会说："医生，你不能让妈妈饿死,她会因为脱水或营养不良而死!你必须做点什么。"

我们现在通过同行评议的研究可以得知,通过从鼻腔插入胃部的喂食管,或者从腹壁插入胃部的喂食管喂食,会有巨大风险。这通常被称为 PEG 管,是经皮内镜下胃造瘘术(Percutaneous Endoscopic Gastrostomy)的简称。高卡路里的营养混合物通过这些管道直接滴入胃里。

看上去这几乎是常识:如果我们通过这些管道以液态的方式提供营养,就可以改善患者的胃口和状态,进而改善他们的预后情况。然而,事实却正好相反。

多项研究对用过这些设备的患者进行调查,发现他们的生活品质急剧下降,他们出现了各种各样的生化失衡。许多人备受腹泻和腹部绞痛的折磨,还有些人不慎将异物吸入肺部,即口腔分泌物没有被咽到胃里,而是从气管进入肺部,引起吸入性肺炎。肺炎产生的一个原因是,插管的患者通常会采用胎儿型体位,侧卧并把膝盖抬到胸部,这种姿势很容易引起吸入性肺炎。

机械干预可能带来极糟的后果,无法提升生活品质或舒适感,身体不知该如何处理用这种方式输入的食物和液体。直到 50 年前,我们才开始人工输入营养,人类的身体还没有进化到因可以忍受这种喂食方式而焕发生机。

我尝试以关切的方式去沟通，尤其是在病床边，向患者和家属解释这些设备和干预会带来的复杂情况。

家属应该能预见并了解患者的其他一些变化。患者的身体会变得冰凉，尤其是手脚，因为患者的血压会变低。没必要让患者多次测量血压，你可以体谅患者，让医护人员不要再为患者量血压、脉搏和呼吸，尤其是当患者被连在多种检测仪器上时。有时候患者家属会异常依恋这些科技，这是没有必要的。

另一方面，应该保留能提高患者生活品质的干预措施。软便剂、抗抑郁药物、安眠药虽然不能扭转病情的自然发展，但绝对可以提升患者的生活品质和状态。这些决定相对容易做，而有些则不然。

现在，假设我们面对的是一位患乳腺癌极晚期的中年妇女，她呼吸急促且非常疲惫，反映血氧含量的血红蛋白值为6（大部分人正常的血红蛋白值约为14）。毫无疑问，输几品脱[①]血会让她感觉好很多，而这需要与医护团队仔细讨论。患者的存活时间或许只有几周了，这还有必要吗？我想是有必要的。

随着死亡的临近，需要齐心协力仔细复查患者的用药，并

---

① 1品脱=0.47升。——译者注

询问哪些药对患者的生活品质来说是关键，哪些药是累赘且无法改善患者剩余时间的生活品质。

如果患者产生幻觉或者无法入眠，目前已有很完善的镇静药物使用标准可以遵循。精神错乱对患者和家属来说都可能导致严重后果，而氟哌啶醇这类药物对这种情况来说很重要。治疗分泌物过多、恶心和呕吐也都有明确的用药标准可以遵循。

许多住院患者都有形成深静脉血栓的风险，而且通常会服用抗凝药物来防止血栓，但这对大部分临终患者是不合适的。

我会在本书的另一部分更深入地讨论疼痛管理。无须多说，评估和控制疼痛必须是首先要考虑的。使用止痛药和相关药剂的目的非常明确：这些药剂能缓解疼痛、提高生活品质，而非加速患者的死亡。用药是为了缓解疼痛、不适、呼吸急促或幻觉的产生，而不是为了让死亡快些到来。

生与死的品质

我一直提到"生活品质"，在这里解释一下原因，这是我工作的目标，因为生活品质可以带来死亡品质。美国国家卫生研究院资助的研究显示，即使死亡是最终的结果，缓和疗法也可以改善生活品质。采取缓和疗法（通常是疼痛管理）的临终患者，比接受普通照护的患者，有更少的抑郁和焦虑症状。

把缓和疗法加入治疗方案是我的核心方针，在后面的章节我会谈到更多这方面的内容。

有时候，我会遇到极度痛苦的患者家属问我："医生，我不能看着她这样受苦，我们就不能做点什么吗？"

这类诉求需要作为照护者的你和医护团队面对面地仔细讨论，确保采取的每项措施都能减少患者的不适，并完全了解使用吗啡缓解疼痛的同时可能会产生抑制呼吸的副作用。要知道，谨慎、安全地使用止痛药物不会加速患者的死亡。

我们很容易设想这样的情况：由于患者家属不了解用药物缓解疼痛的概念以及吗啡的副作用，当患者最终过世时，他们会认为是吗啡加速或导致了死亡。

继续我们之前对临终情况的讨论。随着死亡过程进一步发展，我们经常看到患者的肤色变为苍白或青紫，呼吸也变得不稳定；有时候患者会呼吸停止，紧接着又是一阵响亮的咳嗽。对患者家属来说，死亡喉鸣的出现让人感到难受，那是由于患者声带附近的液体累积而发出来的咯咯声。这个声音患者感受不到，但是对家属来说非常难受。

出人意料的是，很多患者经常会形容自己走过了一段隧道，而隧道的尽头有亮光，像是烟火、灯塔或单纯的光束。这种情况极为常见，也很有意思。许多患者会看到自己已故的亲朋好友甚至宠物在隧道尽头等待，邀请他们"进入另一边"（他们可能会用不同的语言描述这种经历）。

我们都读过或听说过灵魂出窍的经历。有些被成功地从心脏病突发的状态抢救回来的人，会因为自己从彼岸被召回而感到悲伤。有些人向我诉说他们被彼岸的亲人召唤，那些人经常是故去的伴侣，而且隧道那头充满平静和光明。这样的经历很普遍，我不会置若罔闻。

从生理上看，人生的终点是呼吸停止、没有脉搏、心跳停止，最后死亡降临。

我在医院遇到有些家属在患者床边守夜，他们常常是身心俱疲——在最后一夜，这是一种能撕裂灵魂的疲惫。

虽然目前我没有确凿的数据，但根据自己的临床经验，患者经常是在家属离开病房时去世的。家属轮流守夜是很常见的，而疲惫的时候会换人。当被换下的人离开房间去喝杯咖啡，或者去忙自己的事情，也有可能是去走廊接电话，患者就会在这时离世。

我们可以由此推测这种现象的重要性。重申一遍，我没有确凿数据，但这是我很多临终医护的同事也观察到的现象。

尊重文化信仰

我要明确声明，死亡的过程有文化、社会和历史的细微差异，我们必须接受和认同。在有些信仰系统中，生命是宝贵的，无论生活品质如何，只要有呼吸和心跳，这些文化就期待并要求继续使用所有维持生命的措施，而我们医护工作者必须尊重这些不同意见。

对于有些文化而言，缓和疗法完全无法被接受。相反，人们不管风险也不管效果如何，会不断寻找所有能想到的医疗方法。我们医护团队的成员需要理解这些文化，并尊重患者和家属的意愿，即使我们可能持有不同意见。我们要求家属将他们特别的信仰告知我们。

我第一次经历与死亡相关的不同的文化信仰是在许多年前，当时有很多越南船民涌入明尼苏达州罗彻斯特。这些难民在越南战争中经历了难以想象的苦难，他们有些从中国的南海乘着小船逃离。想到他们抵达之地是明尼苏达州寒冷的苔原地区，我们尽可能地用所有可以保暖的物品迎接他们。

一位患癌症晚期的男士将不久于人世，他当时用着最先进的医疗设备：呼吸机、透析机，还有多种药物来维持血压、抗感染，这让他感觉舒服些。他的膀胱还插着导尿管用来排尿。

随着他的死亡临近，他的家属变得焦虑、困惑和迷茫，他们开始在他的病床边恸哭。我们询问越南人社区中的一位宗教成员这是怎么回事，他说患者死亡时的样子就是他回归永恒时的状态，而他此刻正在严寒的明尼苏达州，即将在所有这些人工干预中死去。

我们了解到这点后，移除了所有设备，这样患者可以按自己的意愿为死后的生活做准备。他是位理发师，所以我们为他添置了剪刀、镜子和一把梳子。为了抵御严寒的天气，我们为他穿上了保暖的靴子，戴上了帽子、手套，穿上了外套。这在我们看来很奇怪，但家属很高兴我们认同了他们的信仰体系。

在一些美洲原住民的文化中，患者一旦死亡，就要进行点烛燃香的宗教仪式。只要进行适当的管理，这些需求通常能以尊重文化的方式得到满足，即使是在医院的环境中。我们只需要了解这些需求。

我记得几位亚洲患者离世时，家属会对遗体进行沐浴仪式，长子必须当场擦拭遗体，这非常重要。如果这些愿望被忽视，会引起家属极大的痛苦。

在罗马天主教团体中，如果造成的负担大于得到的好处，或者不可能扭转病情，则信仰并不主张继续补充人工营养及水分。因此，在这种临床情况下撤掉人工营养及水分补充，除了有教会教义的支持之外，对患者和家属来说也是极大的慰藉。

然而，在其他信仰体系中，撤掉人工营养及水分补充几乎是"异端"。如果病情不太可能好转，则信仰体系中神职人员的意见对于安抚患者和家属极为重要。

让我回到这章的主题，回答死亡究竟是什么这个问题。在我的个人意见以及美国医学协会和美国律师协会的标准中，还有某种意义上全美50个州中，死亡的统一判定标准包括不可逆的呼吸、心跳和脑功能的停止。但现在呼吸机可以维持患者的呼吸，因此这一定义不够完善。

如果你守在临终之人的床边，当他们离我们而去时，你会知道这个问题的答案。

第四章

我们难道没有死的权利吗?

　　我们的文化否定死亡。而用药物让某人活着、延迟死亡的底线在哪里呢?

　　现在,我们需要先了解医学和历史的惯例,才能明白我们当代美国的医学在这个道德、法律和伦理问题上的立场。

　　一些重要的标志性法律案件为当今困难的临终决定提供了框架。你或许还记得它们。

　　1975 年,新泽西州 21 岁的凯伦·安·昆兰在服用酒精和毒品后失去意识。她陷入持续性植物状态，依靠呼吸机和喂食管维持生命。她的父母坚决地公开声明表示反对，他们认为这些干预违背了女儿的意愿，而医生们则持相反意见。

新泽西州最高法院在这起死亡权利诉讼案中裁定凯伦的父母获胜。呼吸机最终被撤下，她的父母允许继续使用喂食管。这位患者在8年后离世。

另一起标志性案件是关于南希·克鲁赞的。1983年，26岁的她遭遇车祸，在现场被救活。她伤势严重，昏迷后陷入持续性植物状态。她的父母坚称他们的女儿不想在这种状态中使用喂食管，但医院拒绝将其摘除。

密苏里州最高法院判决应继续使用喂食管，宣称没有清楚和令人信服的证据证明患者的意愿。然而，南希在那一年的早些时候告诉了一位朋友她的意愿，她的朋友和家人提供的信息支持了她的父母关于患者不希望靠喂食管活着的声明，喂食管最终被摘除。这一案件说明了预立遗嘱和事前指示的必要性（我会在第二十一和二十二章详细讨论这点）。

持续15年占据新闻头条的特丽·夏沃案件，凸显了指定某人在你无法为自己做医疗决定时替你做主的重要性，同时也说服所有人应该详细说明他人该如何为自己做医疗决定。

这场持久且复杂的官司从1990年一直打到2005年，一位佛罗里达州的法官最终裁定遵从患者和她丈夫的意愿，摘除了喂食管。患者最终离世。验尸结果显示患者有严重的脑损伤，可这位年轻女士的父母一直坚持让女儿继续使用喂食管。

对于这些困难的道德、法律和伦理问题，没有特定的法则或网站信息可以遵循，但是有些指导原则是患者家属可以考虑的：

- 由谁代表患者做决定，而且这位代表能否最大程度地考虑到患者的利益？法律文件（预立遗嘱或事前指示）是最具权威性的文件。在美国各州，当患者丧失决定能力但没有立下事前指示时，选择决定者的顺序不尽相同。这些"默认代理人"可能会按血缘、婚姻、领养关系等排序，包括配偶、子女和父母（有些州则允许伴侣或指定的成年人、同性伴侣、同居伴侣、利益相关人、朋友参与排序）。你可以想象到，问题很快变得棘手。再想象一下，若是来自某个州的患者在有着不同的默认代理人制度的另一个州接受治疗，会发生什么情况。

- 家属需要带着同理心和尊重举行家庭会议，同时让医护团队参加。在会上，作为关键利益相关人的家属可以表达他们的担忧，也应该让患者发表意见。若患者无法发言，可以让患者的代表参会。

- 让医护团队把家庭会议的内容清楚总结在患者的档案中，明确记录讨论内容和发言人身份。因为在压力和疲劳下，人们经常会选择性失忆，这可能会导致家属间产生严重的误解。我见过这样的情况，总觉得自己应该带一个裁判的口哨。

按照你自己的方式离世

我们需要认可人的自主权。伊丽莎白·布维亚是一位生活在养老院的女士，患有严重的脑性麻痹，带着鼻饲喂食管，并且疼痛剧烈。患者明白自己是靠鼻胃管提供的人工营养和液体维持着生命，于是要求法院命令她的照护者移除喂食管。她想让自己饿死。

布维亚的案例在20世纪80年代的死亡权利运动中极具标志性。上级法院最终同意了她的请求，这也符合尊重患者"独处"权利的法律判例。她最后活了下来，到2008年还活着。

因此，即便某种特定的治疗或干预能够治愈疾病，如果患者拒绝这一干预且知道后果，那么拒绝这一疗法是患者的权利。

我们医护团队和患者家属，都需要尊重并支持这一权利。

第五章

不应忽视临终者的人生故事

每个人都有故事,每个人都有历史。我曾在重症监护室里遇到一位残疾的老先生,他患有癌症。没人想去询问他的职业。当我问起他过去是做什么的,他的家属告诉我说他是切比萨滚轮刀的发明者。于是,我和他还有他的家人开始聊切比萨,而非聚焦于我们都已明了的诊断和治疗结果这一残酷现实。

在40多年的时间里,我有幸见过许多像他这样优秀的人,并听过他们的故事。他们是我的患者,我是他们的医生,

第五章 不应忽视临终者的人生故事

但不是他们的第一位医生。患者来到梅奥诊所时，为他们诊疗的医生可能是第二位给他们意见的医生，或是他们看过的第十位医生，更有可能是第三或第四位医生。他们通常病得很重，急需获得医生的意见。

飞机上坐在身边的商人、杂货店的收银员、邮差、企业老板、牧师、农民、教授、护士、电脑程序员、大厨、修理屋顶的工人、卡车司机、教师、一位父亲或母亲、一位祖父或祖母、理发师、切比萨刀的发明者……他们都可能是我的患者。在日常生活中，他们只是些平常人，我们或许永远都不会相识，但在诊疗室里，我会亲自了解并认识他们。

我们医护人员在与患者接触时，这些患者都是带着疾病来到诊疗室的，这些疾病可能是癌症、心脏病或精神问题，而这种病被包裹在反映患者过往经历、历史和人生旅途的"信封"里。

我不能代表所有的医护同事，但我需要了解患者的一些个人信息，包括他们的工作、家庭情况、对自己的健康状况的了解、他们的恐惧和期待。我经常会询问他们的教育背景、工作状况、居住的地方和社会关系等情况。我甚至知道他们的狗叫什么名字。我从来不把患者当成一个号码、一份档案或一种疾病。我正在诊治的是一个有名字、历史和家庭的人。

同样，我们医生也会与患者分享自己的经历。就让我和你分享一下我的背景，以及我成为癌症医生和安宁照护专科医生的旅程。

家族史经常会在时过境迁和记忆中变得模糊不清。下面就说说我自己的家族故事。20世纪初期，一艘载着难民的船离开了德国汉堡多沙而灰暗的海港。船上大约有3000个移民，他们都希望找到更好的生活。这些移民中有一个10~12岁的男孩，一个英文单词都不会说。他的父母做出了巨大的牺牲，拼凑了一笔钱把他送上船，让他去寻求更好的生活。

我们不知道他早年的具体经历，但顺应当时的东欧局势，他本应和大部分年轻人一样被征召加入德国军队，面对残酷的生存状态。我们从家庭记录中得知他的名字叫哈利·斯蒂尔斯·斯特尔，他几经辗转来到美国宾夕法尼亚州费城北部的雄鹿郡。现在让我讲讲他的故事中精彩的部分。

据当地的传说，哈利对马匹毫不畏惧。他身材矮小，少年时期的身高顶多为5.5英尺[①]，体重不过120磅[②]。他在当地因驯马和赛马小有名气，受到赞助人的鼓励，他鼓足勇气离开宾州，去了他后来取得最高成就的纽约州和新泽西州。

---

① 约为1.68米。——编者注
② 约为54公斤。——编者注

第五章　不应忽视临终者的人生故事

《纽瓦克明星纪事报》上一张褪色的照片，展现了这位海德马厩年轻的天才骑手的风采。他之后成为美国东海岸杰出的职业赛马骑手，有着成功的职业生涯。他是位企业家，是擅长街头营生且悟性很高的商人，也是最早雇佣男仆做代理和经纪人来为他打理丝绸赛马服、靴子和跑道的赛马骑手之一。哈利就是我的外祖父。

我一直和他一起生活，直到他在20世纪50年代初去世。我依旧能清晰地回忆起当时优越的生活。他在新泽西州距纽约市南部约一小时车程的迪尔有一幢豪华海景别墅，过着摇滚巨星般的生活。但后来他开始走下坡路，职业生涯被迫中止。和许多才华横溢但缺乏常识的年轻人一样，他的体重开始飙升。他开始酗酒，成了恶言恶语的酒鬼。在他生命中的最后几年，他在炼钢厂的提炼车间工作，晚景凄凉。

在我还是孩子的时候我就非常清楚地知道，如果我们的健康变差，就会失去谋生的能力，其结果不会令人向往。而这一切正好发生在了我的外祖父身上。

另一位移民也在同一时期离开了欧洲。20世纪初期，这位爱尔兰农民过着最穷困、最边缘化的生活，正是世界对人性压迫的写照。我们很难想象爱尔兰历史中人们的生活是怎样的。虽然具体数字不太准确，但我们都依稀记得在19世纪中期的大饥荒中，有几百万爱尔兰人因饥饿而死。

我的外祖母当时大约 11 岁。在爱尔兰一个严寒刺骨的沉闷夜晚，她的父母唤醒她，给了她一个离开的机会，他们告诉她早上会有辆马车在巷口等待，驶向科夫的科克港，在那里会有艘船去往美国。我的外祖母被明确地告知，如果她留在爱尔兰，肯定要么死于消耗病（也就是肺结核），要么饿死，要么死于英军的压迫。

或许是因为老天开恩、奇迹发生或者某种更高能量的指引，我的外祖母决定离开家人。她完全明白自己无法再回到爱尔兰，并且再也无法与家人相见。

我由外祖母带大，就是那位 11 岁时孤身离开爱尔兰的女孩。她把当时拥有的所有东西都塞在一个枕套里带上船。她在海上漂了将近一个月，在隆冬穿过北大西洋。她和其他统舱乘客都坐在甲板下的船身里，中途从未看到过日光。当时穿越大西洋的爱尔兰人的死亡率大约是 30%。也就是说，他们中有三分之一的人没能到达美国，在途中死于痢疾、肺结核以及其他传染病。

和其他几百万移民一起，她像件行李一样被丢到埃利斯岛。她一个英文单词都不会讲，只会说爱尔兰语（盖尔语）。她告诉我说，她的第一份工作是给纽约市一个有声望的家庭做女佣。

一天，她被要求去切西瓜。在爱尔兰，什么东西都要煮。我的外祖母从没见过西瓜，所以这个弱小的爱尔兰流浪儿把这枚绿色炸弹丢进了一桶滚水里。即使你不是物理学家，也可以猜到后果。爆炸声就像有一列火车穿过了客厅，西瓜子飞溅到屋顶和家具装饰上，整个厨房到处都是。

我的外祖母吓呆了，担心自己会被丢到街上——可以想象，那对于不会说英语的年轻移民将是场噩梦。然而就是这些故事和经历，造就了今天的我们。

和我外祖父一样，外祖母善于在街头谋生而且悟性很高。她明白社会系统的运作机制，并最终存活了下来。我从他俩身上学到的是自力更生。

临终前很有意思但时常被忽略的一件事，就是询问我们所爱之人的人生故事。他们一去世，那些丰富的历史、遗产和传统也将消散。智能手机和摄像机能够很容易地捕捉和记录下话语和图像，而这些病床边的聊天或许能展现深藏在临终之人记忆中的细节。

无论好坏，至少在某种程度上，我们传承了父辈的价值观、希望和失望。我的母亲，也就是前面两位中坚分子的结晶，是位优秀的女士。她对不幸之人充满了关爱和同情，但在酗酒中苦苦挣扎。我当时还是个小男孩，她的挣扎让我明白，酗酒不是一种选择，而是一种病，就像糖尿病或高血压，需要专业的干预，而在那时这些干预举措几乎不存在。

我的生父也在酗酒中苦苦挣扎，从未保持过清醒。但从他自身来看，他是位特殊人才。我的意思是说，他具有非常精深的专业领域知识，狂醉地痴迷于分析赛马的过往表现。他用笔记本详细地记录关于马匹表现的细微差别，在东海岸的赛马场成功谋生。有段时间，他的预测和给对手施压的技巧达到了炉火纯青的地步，甚至作为骑手的代表和教练谈判。他也因此从骑手所赚的收入中获得了可观的佣金。

这些经历是如何影响我成为医护服务提供者的？如果我们的健康败北，那么金钱、名望、银行存款、专业成就都会变得黯淡和无关紧要。我也明白了，我们需要照顾自己的身体、心灵和感情，不能指望靠中彩票或赌马来清偿房贷或其他债务。

我的父母在我大概8岁时离婚，想想看，20世纪中期一位离异的罗马天主教女性在纽约和新泽西独自带着孩子是什么滋味。这种情况在今天的美国文化中十分常见，但在20世纪中期却是对一个人的道德的拷问，是不为人们所接受的。这也让我的母亲成了一个坚强、反叛和不屈的人。或许我继承了她的一部分性格特点。

我母亲的第二任丈夫威利在纽约市城郊拥有几间酒吧和酒

铺，他的故事我之前已经分享过。我和听我演讲的观众说，我在那些酒吧里学到的东西，要比从我上过的任何社会学和心理学课程学到的要多得多。我在这些"罪恶之地"待过很多时日，还记得那时曾经听到有些人抱怨自己虽然才华或能力出众，但因为运气差没能取得大的成就或大红大紫。我常听到的话题包括："我本来可以的，结果被经理骗了""我妻子不支持我""我当时可以去卡内基音乐厅演出"或者"我本有机会去哈佛当校长，但是……"。我总能听到"但是"。

所以，我听过并且清晰记得的都是借口。而我反思过这些人，他们从未真正对自己的痛苦负责。我不是最有洞见的小男孩，但我还记得那些总是把自己的不幸归咎于他人的人，我希望这些记忆能使我个人和我的工作如醍醐灌顶：我们应该紧握自己的命运之轮，不要把事情的结果归咎于别人。但我经常在临终患者的病床边听到这些话语。

不管我们的父母是屠夫、面包师还是做蜡烛的，我们无法摆脱他们对我们的影响，无论好坏。对我小时候影响最大的，是在赛马场的时光。我的世界当时围着迈阿密的赛马场转悠，包括海尔利亚、考尔德、托比克和湾流赛场。春赛会在马里兰州的皮姆立克，夏秋赛季会到新泽西，包括花园之州、蒙茅斯公园、大西洋城，之后再去纽约的赛场，包括贝尔蒙特、雅佳德和萨拉托加。

我的生活围绕着要开赛的马场和寻找下一匹黑马。寻找的中心在新泽西，那里是我待过时间最长的地方。我继父的酒吧的主顾是一群形形色色的人：马夫、赛后遛马师、骑手、男仆、经理人、训练骑手、厨房雇员和其他不知名的帮助马场运营的人。

在这样一个奇特的世界里，一个小男孩几乎无法分辨正常、不正常、古怪和疯癫。我还记得我曾在许多圣诞假期里观看劳伦斯·威尔克乐队的表演，或者观看与圣诞老人、礼物和圣诞相关的活动，并好奇那是否就是现实，还是被酒瘾复发、生活混沌的人围绕着才是现实。

但我获得的恩典或礼物，是领悟到还有更好的生活方式。存在着另一种生活，而通向这一国度的钥匙就是我的体育和学习成绩。

身为独生子且住在祖母的合租房中，和一些奇怪的人在一起，让我明白了这不是我想要的人生。幸好我体格健壮，有长跑的天赋。在新泽西高校的长跑比赛中，我获得极大关注并取得了一些成功，在大学和医学院也有不错的成绩。但我也清楚地领悟到一个事实：体能就像余烬，会随着年龄增长和受伤快速消散。在灵魂深处我深深明白，逃离这个古怪世界的途径是靠学业成就。

我建立起狂热极端的学习习惯，现在我依稀能记得我的大学时光，基本每天静坐 6 小时学习物理、数学、有机化学这些难度较大的科目。我知道，绝对不能失败，并且只要我专心钻研这些学科，就能掌握它们。

我的大学时光过得无比艰难，因为费城的拉萨尔学院聚集了从费城地区竞争力最强的高中挑选出来的医学预科生，他们有广博的数学、科学和生物学背景知识，我感觉以自己在纽约市城郊一所很小的天主教会学校接受的教育，无法与他们去竞争。但我明白，通过专注和努力，我可以扭转局势，而这最终成了现实。

我在马场领悟到，从来没有幸运一说，运气全靠自己创造。对我而言，在马场、合租房、公交车站经历的生活，把生活的残酷带入短暂的现实。在那样的环境中，很少有人能走出那个怪圈，大部分人碌碌无为，深陷在酗酒的迷惘中无法自拔。那不是我想选择的生活，我尝试远离，但我还记得在其中所学会的怜悯和关怀。

现在，作为一名医护人员，我会走到许多患者的病床边，他们每个人都有故事。我也从中明白，你是谁决定了你临终时的所有，而我们都不愿带着遗憾回顾人生。

第六章

医生带来坏消息时该怎么办？

　　医学显然既是一门艺术也是一门科学。有能力的临床人员，无论是医学博士、外科医生、注册护士还是中级医护人员，都必须掌握一定的常识和知识。但有些知识不是在医学院学到的，需要在现实中锻炼而获得。因为告知家属坏消息或向患者传达会令他们遭到打击的消息，这更多地涉及艺术而不是科学。在这些对话中，生命即将终止这一令人震惊的消息在暗涌着。

不久之前，大部分医护服务提供者都不知该如何以感同身受且有效的方式传达坏消息。如果你曾经接到过紧急电话，被告知你爱的人即将离世，或被告知你自己的诊断结果，那样的经历会深深地刻在你的记忆里，在脑海中一遍又一遍重播。

受到自己接触过的成千上万例终末期病例的触动，我总结出一些策略，帮助我带着同情心去传达坏消息。在我们这一行，这样的责任非常沉重，我必须庄严地完成任务。让我来分享一下，我是如何处理这些困难情况的。我知道，当你在与医生讨论严峻的健康情况时，或许没能获得类似的关怀，但你和你爱的人值得获得这样的关怀。

在医学文献中，"SPIKES"这一术语获得了很高的关注度。这些字母代表：

> S（情境，setting）：传达坏消息的情境；
>
> P（认知，perception）：患者对交谈的认知；
>
> I（邀请，invitation）：得到患者的邀请（患者实际想知道多少信息）；
>
> K（知识，knowledge）：患者的知识基础；
>
> E（情感，emotions）：了解患者的情感（包括医护团队带着同理心回应）；
>
> S（总结，summary）：把这些要素综合起来考虑。

下面，我们来一一探索"SPIKES"的每个要素。

1. 情境

应该在安全、不受干扰的环境里与患者和家属分享消息，这很重要。医生如果在回应传呼机、用平板电脑或者接电话时与患者交流，会给交流带来负能量和负面的结果。如果你是接受坏消息的一方，你可以提出合理的要求："让我们找个隐私的空间谈谈"，或者"医生，我想保留隐私，所以我们讨论的时候能不能关上门？"甚至这样说也是合乎情理的："我真的无法平静地谈论此事。是否有其他人可以就这个问题为我提供不同的意见？我可以和他聊聊。"

2. 认知

你的医护团队需要理解你对问题的认知程度，这非常重要。我经常这么问："请告诉我，你看过的医生都说了些什么？"这样，我表示了自己希望知道并且需要知道患者和家属对病情的了解情况。之后，我们会从已有的认知程度开始沟通。

然而，现实中你可能会被医生这么问："你对你的情况了解多少？"这显然把负担放到了患者和家属身上。我建议你向你的医护团队提问,即使你觉得自己听起来完全不了解情况。在对那些自己从没听过的医学术语和诊断感到迷惑时,你有了解的权利。

3. 邀请

下一步,我们需要探询清楚患者实际想知道多少信息。在某些文化中,所有的决定都由某位家属代劳,这没问题;但在许多受西方文化影响的群体中,患者想知道所有的事实和数字,以帮助自己做决定。

无论这对我们大多数人意味着什么,这类交谈适用于典型的美国家庭。然而,医护团队必须了解患者的文化、地理和历史背景。例如在有些文化中,告知患者患了"癌症"的诊断是无法被接受的,事实上几乎是被禁止的,因为癌症被视为来自神明的惩罚,对患者和家属有灾难性的影响。

如果我们医护服务提供者不熟悉患者的文化,我们就需要让自己熟悉,并向家属中的决策者了解问题该如何解决。我们会感谢家属提前解释这些文化差异。在有些文化中,说 X 光片上有个点或者有阴影是可以被接受的,只要怀着尊重回避"癌"这个字眼。

我知道在北美土著居民和部分亚洲患者中,许多人不想知道确切的预后，而医护团队必须注意这些文化差异。因语言不通而导致交流发生障碍时，大部分情况下让家属做翻译是不够理想的。理想情况是病床边或诊断室中有一位专业的翻译，能让患者清楚了解病情。医院要提供会说患者母语的翻译。如有需要，或者医护服务提供者没有立刻认识到你的需求时，你应当主动要求这样的翻译服务。

4. 知识

我会这样问患者："你对目前的情况是怎样理解的？"他们的理解或许是完全错误的：要么太乐观，要么误解了对实际病情的处理。

威廉患有结肠癌晚期，已做了切除手术（患病部位被切除），但癌旁的18个淋巴结都含有恶性细胞，肝脏里一个携带癌细胞的结节也被取出。当我问他对自己的病情了解多少时，他回答说："嗯，一切都被切除了，没有后患，所以我现在挺好的。"

他知道结肠部位的肿瘤已被切除，但任何有常识的人都知道，肝脏和18个淋巴结里的癌细胞预示着极高的复发率。了解这一情况，会带来完全不同的可能包含坏消息的讨论。

5. 情感

同理心的重要性怎么强调都不为过。这是尊重患者情感的能力，要试着了解患者的立场以及感受他们的心情。患者告诉过我，我们医护服务提供者无法理解他们最真实的感觉，但我们绝对能表达出自己的重视。我常说："我无法想象这对你来说多么困难。"情况合适时，我也会说类似这样的话："看看你过去几周的情况，本来很健康，但你突然变得疲惫、脖子上长出肿块，现在，我们在这里讨论着癌症晚期。"

一位患者告诉我，有位肿瘤医生对他说："对你的病情我们已经无能为力了。"递给患者一张纸巾后，医生退出了诊断室，只说了句："只要你需要，在这里待多久都可以。"再次申明，我无法解释我的医护同事们这种看似冷漠的行为，而且我们没有任何借口这样做，但他们完全没有意识到这一点。医生不应该丢下这样轻率的话然后离开，这种情况一定有其他的选择和方式。要对医生说："请指引我，别丢下我不管。"这些情况会让患者要么在同一所医疗机构，要么去其他城市或其他医疗中心，徒劳地去寻求第二和第三种意见。

6. 总结

讨论结束时应该为患者和家属做一个简明的总结，这很重要。医生要这样说来结束交谈："好了，现在让我重新总结一下，并且明确我们目前的情况。还有其他我没有问到的问题吗？还有其他想说的吗？"

想好要问的问题，现在是时候提出这些问题并做笔记。你可以反复地说："有没有我们该问但还没问的问题？"

我经常问患者这个问题："你最担心的是什么？"答案可能会出乎医护团队和家属的预料，因为家属和医生的担忧可能和患者的担忧完全不同。我经常发现患者更多担忧的是自己去世后谁来照顾配偶或家里的宠物，而不是他们自己的健康。

如果在传达和讨论坏消息的困难情况中一切进展顺利，你就会理解正在发生的一切。患者和医护服务提供者需要认同感，而不是在医学的汪洋中漂泊无依。

第七章

"医生,我还能活多久?"

我的许多患者和他们的家属在患者临终前经常提出类似这样的问题:"好吧,医生,我还能活多久?"这是个会引起情绪波动的问题,而我需要婉转、机智地应答。

让我先来解释一下,为什么这个问题的答案会很复杂,为何你的医疗团队无法预测,而且也不应该预测。

对于大多数病情来说,例如心脏病、肾衰竭和癌症,有一些预测性较强的观测、化验和扫描可以帮助医生预测患者还能活多久。然而，因为每位患者的情况都不同，影响其存活的因素也有很多，这些都只是预估，不会太精确，所以无法给出一个准确的答案。

例如，有研究显示，在秋天的犹太神圣日期间，犹太男性的死亡率会下降，但节日一过，死亡率会出现飙升。这说明什么？说明在某种特定信仰体系中的人们会受到激励，想要活下去，并期待着宗教庆典以及和亲友的团聚。可能是体内的激素或其他荷尔蒙的分泌短时间内激发了患者的生命力，让他们撑到庆典之后才离世。

我们经常听说患者在弥留之际不愿离去，直到败家的儿子或关系疏远的女儿来探视，随后才安详离世。我经常看到这样的临床现象，但让我说得更明确些。

让患者和家属对预后有一定的了解是十分重要的。预后是指对目前情况的预期结果或预测。

一些研究显示，当患者对存活过度乐观时，通常会倾向于选择激进甚至可能有危险的侵入式干预。例如，我记得有位40岁出头的患者，他的心脏受病毒感染，发展为心肌病变，这意味着心房泵血功能被削弱，患者出现呼吸急促，腿部肿得厉害，非常痛苦。

然而，他对自己剩余的生命有着不现实的预估，愿意接受所有不同的试验药物来支撑心脏的泵血。结果他的情况没能好转，而且最后的日子生活品质很低。

他的家属告诉医护团队，如果他一开始就知道预后不乐观而且自己所剩时日不多，他不会愿意接受那些极为痛苦且不成功的干预。

因此，患者和家属在预估患者大致的存活时间时不应过度自信。如果你看过很多日间肥皂剧和医学类电视剧，剧里面医生经常会说患者"还剩 6 个月"，但这是不现实的。有另一种重新考量预后的方法，我个人认为很有帮助，且听我解释。

假设某患者被诊断为肺癌晚期，因为许多因素，他的预后被估计为 6~8 个月。这些估计只是估计而已，它们来自其他患同样疾病的患者的存活情况。

我发现一个很有用的考量预后的方法是考虑重要事件、假期和节日。例如，如果某位患者是位钓鱼爱好者，他在 1 月的预后为 6 个月，我可能会说在明尼苏达州开渔的时候（大约在 5 月中旬），我们应该为病情急转恶化做好准备。另一种表达方式是："在接近阵亡将士纪念日的时候，我们真的需要为病情急转恶化做好准备。"

这个技巧让患者和家属用大致的时间去衡量，例如"假期的时候""秋天"或"等天气回暖"，而不是数着剩下的天数、星期数、月数。患者和家属从这样的角度去看待预后，而不是数着日历上的日子时，就可以没有压力和定论地去做计划。当然，如果平均存活时间是 6 个月，许多人可以活得比这长很多，自然也意味着其他人活不了那么久。

这也是对预后讨论非常重要的另一个原因。我还记得一位患肝癌极晚期的患者非常痛苦的情况，他当时有腹水，即腹腔里全是液体，他的手臂和腿都很瘦，就像竹竿一样，而且黄疸很严重，甚至皮肤都发绿了。他的预后肯定很糟，我尽力根据已有信息去估算，他最多能再活几个月。患者和家属看似对讨论还算满意，便离开医院回家了。

几星期后，体贴的家属寄来一封信，告诉我患者大约在我们会诊的三周后去世了。我对这一情况感觉很糟，因为我过长估计了患者的预后。我给家属打电话，表达了哀悼和歉意，而家属为我提供的信息和患者受到的照护表示感谢。

为什么这会有影响？好吧，如果患者和家属知道预后很短，患者的生活品质可能会急剧恶化，那么就有机会做了断——修复关系、化干戈为玉帛、为过去的轻率之举或不幸遭遇寻求和解。

为了了结恩怨、开启新的门扉、把握时间寻求原谅和谅解他人，患者和家属向医护团队询问存活时间是合乎情理的。然而，准确的数字可能会产生误导，而且很不切实际，所以患者和家属只需询问患者是否能活到下一个圣诞节、母亲节或下一届橄榄球超级杯赛。这能给患者和家属一个目标——一个能为愈合灵魂伤痛做出重要努力的时间期限。

对于我们医护服务提供者来说，预后讨论的另一个层面是询问患者："为什么这个问题在你患病的这段时间很重要？"患者的回答可以开启一场内容丰富的对话，讨论在病情恶化过程中患者内心应该解决和化解的焦虑。

对于某些病情，例如癌症晚期，患者的病情恶化时预后的估计也会相对容易和准确。但对于其他病情，例如心脏病和肺气肿/慢性阻塞性肺病（COPD），患者通常在出院后精神焕发，但无法恢复到之前的身体状况。对于任何住院的情况，准确估计预后真的是不可能的。

该问题的另一个重要方面是要谨慎使用网上的预后评估工具。这些预测对患者来说可能非常骇人，而且通常反映的是健康状况参差不齐的大众的情况。例如，一位30岁肺癌晚期患者的预后通常比一位70岁肺癌晚期的患者要好很多，然而这些患者的数据可能都被不加区分地计入存活统计评估中。

我从不阻止患者和家属去寻找答案，但我会给他们郑重的提醒：互联网提供的视角过于宽泛，给出的数据可能会极具误导性。

乐观主义的问题

2013年5月,《纽约时报》就癌症乐观主义发表了一篇很有意思的文章。这个问题很复杂,但下面的讨论会揭开它神秘的面纱。

当医生和其他医护人员过于乐观地估计某项干预的积极效果时,无论是手术、人工心脏还是其他试验性药物,患者通常都会更偏向于选择这种干预。

我们医护服务提供者都会不由自主地过长估计预后。我们常常会过度估计治疗的益处,而患者会信任我们。在患者和家属的心中,认为有可能产生的益处会大于风险,但情况不一定是这样。

我还深深地记得北卡罗来纳州一位勇敢的56岁家庭主妇艾拉的例子。艾拉是她所在社区杰出的女商人,也很积极地参与治疗。她患的是吸烟者中常见的一种癌症:小细胞肺癌,又叫燕麦细胞癌。癌扩散到了胸骨后面纵隔膜区域的淋巴结,放疗和化疗是控制病情的黄金标准,在她的情况来说肯定是合理的。

她的治疗效果不错,扫描显示虽然还有一些残留病灶,但肿瘤明显变小。

这种情况比较不稳定，没有绝对有效和快速的治疗建议。目前的趋势是一般推荐再做几个疗程的化疗，这称为巩固化疗。换句话说，这种治疗包含具有毒性的静脉注射药物，用于"肃清"任何没有被原先疗程杀死的癌细胞。

艾拉瘦了一些。她的活动量非常小，胃口也不好。而且她的丈夫出了车祸，无法照料她。而在这段困难的时期，他一直是她坚实的支柱。

我们医护团队有些担忧，但艾拉想尽快好起来去帮助她丈夫，她鼓励我们对她开始了新一轮化疗，但情况不太理想。她的血细胞数开始降低，这也是化疗常会导致的结果。她的免疫系统没能恢复，她因为血液感染而多次入院，还有一次出现了心脏膜瓣损伤，需要紧急手术。

这就是患者对推荐疗法的疗效的期待过于积极和乐观的典型例子。这是我们和患者共同走过的一条微妙的线，就像在走钢丝。患者会被给出合理的治疗选择，但很多时候我们会把这一消息装在一个"乐观的信封"里，这常常会导致一些严重的并发症和生活品质的下降，就像艾拉一样。

所以，我们医生和患者（还有患者家属）如何在这些道德和专业的抉择困境中确定方向呢？我相信最合理的方式是尽量考虑实际情况。我会确认患者对医学术语和词汇的理解，并让其他相关方（例如患者家属）参与讨论。这就是为什么我需要知道我的患者是谁，我想了解他们的故事。

我们经常与患者分享数据、比例和可能性，但我发现这种方式不妥。一个典型的例子是告诉患者某项治疗（不管是手术还是药物治疗）的风险是 1%。好吧，患者无法理解这意味着他们就有可能成为那 1%，这样治疗效果就会很不理想。

预后讨论的另一个方面通常不会被言明。医学期刊中许多研究都明确指出，我们医护服务提供者估计预后时过于乐观。

医生和患者的关系越紧密，就越容易出现过度乐观的预后估计。医患终身关系在社区医疗和内科尤为常见，因为医生可能会为患者治疗很多年。他们的关系扭曲了医学问题的现实。一般而言，医患关系越亲密，医护服务提供者就会越乐观。

最近在路易斯维尔举办的一次缓和医学会复审课程上，我被一位演讲者给出的数据震撼到了：他说我们肿瘤科医生对预后的估计比实际长了 2~3 倍。也就是说，如果医生估计的预后存活时间是 6 周，事实上患者的存活时间或许只有 2~3 周。

过度乐观所导致的另一个问题是患者有时候不去努力解决和他人的矛盾，因为他们没有想到自己的情况这么糟糕。

我还记得有些家属在患者病床边的痛苦讨论。患者陷入昏迷了，并且因为癌症进入晚期，出现了其他的并发症（例如心脏和肾脏出现问题），还有治疗并发症的综合影响，使得情况急剧恶化。时不时有家属对我说，如果他们能早些意识到患者病得如此严重，而且恶化这么快，他们会早些开启那些困难的谈话。

"医生，你会怎么做？"

这个话题的另一方面，是一个我常会听到的问题，例如："好吧，医生，你给了我很多信息和选择，非常感谢。但是到头来，如果生病的是你父亲，你会怎么做？"或者"如果你是我，你会怎么做？"

我向患者和家属解释说，我们不能换位思考。显然，我的见解和经验会让我从不同的角度审视情况，但那不能让我直接站在患者和家属的角度去思考。此外，这些问题也没有考虑到，我们每个人就维持生命的程度都有各自的哲学伦理思维。

我的许多同事不会这么说，但是我会。虽然我没亲历过改变生命或消耗生命的危机，但在我安静写作的这一刻——现在是一个正在下雨的星期四早晨，我不认为我会选择许多患者会选择的积极治疗。我目睹过那些选择对家属造成的重创；我目睹过那些选择不仅对患者，还对努力支持患者的家属和团体以及希望渺茫的家庭直接造成的痛苦。让我给你举一个具体的例子。

我们有过一位来自乔治亚州郊区的男患者,他患有充血性心力衰竭,用了所有可行的药物都没有好转。从心外科的角度看,他可以尝试使用左心室辅助器。换言之,从他的综合情况来看,这一器械干预是合理的。然而……

他生活在一个很小的社区,无法获得医疗照护。他的老伴非常支持他,但不懂医,也不知如何使用精密仪器。她非常想帮忙,但对于这一器械复杂的管理操作完全不了解。患者最后做了手术,也很成功,但他在家康复的过程被许多并发症打断,而他的老伴不知该如何处理。

因此,在为患者做决定时,很重要的一点是必须认识到,患者虽是治疗的中心,但一个决定会带来连锁反应。有一样衍生结果不容忽视,那就是患者的决定对整个家庭的影响。换言之,要从医护团队获取所有信息来做出充分知情后的选择,但在复杂的临终情况里,也必须了解一个选择会带来哪些相应的影响和结果。

第八章

分享我的缓和医疗经历

我是一名获得资格认证的肿瘤专科医生,也是 20 世纪 70 年代早期第一批正式受训的癌症专科医生之一。在那之前,很多内科医生都尝试过治疗癌症,但都没接受过任何正式的培训。我是在 1977 年获得专科医生认证的。

回到 40 年前,我们国家面临着一场名副其实的癌症危机。那时肿瘤专科医生的数量仅是 10 年前的三分之一,因为美国人口老龄化,我们有着海量的癌症患者,而癌症通常伴随着衰老产生。

同时，根据统计，在随后的几年内，有大约一半的肿瘤专科医生因为压力和劳累过度，要么放弃了这一专科，要么缩减了工作时长。

我之前分享过我的继父威利的故事。在他弥留之际，他的疼痛和呼吸急促只得到很少的治疗，那时已是20世纪90年代早期。我不是在挑错，而是当时临终管理的技术水平就是那样。我当时下定决心，一定要改善这一切。

当我看到头颈癌症极晚期的患者时，我顿悟了。这些患者通常要接受高强度的放射治疗，从周一到周五，持续5~6周，而且会产生痛苦的副作用：嘴里疼痛、疲惫、体重减轻。化疗通常会伴随放疗进行，虽然有一小部分患者可以借此治愈，但这种疗法会加重他们的痛苦。

在医生休息室、医院走廊甚至医学会议上，都有人讨论如何减少这些折磨人的副作用和临终痛苦。每当想到那些患者糟糕的生活品质，我都会感到极大的精神压力。

就在那段时间，一次机缘巧合，我参加了安宁照护部门同事的会议。他们主要是护士，向我介绍了一些很基础但十分科学的提升生活品质的方法，例如使用类固醇（也叫泼尼松或地塞米松）。如今这些都已不是新药物，但在当时，我们肿瘤科很少使用它们。

为提升这些备受煎熬的患者的生活品质,我开始使用泼尼松,它改善患者感受的效果让我非常惊讶。患者们也能更好地忍受治疗带来的痛苦。这也让我第一次见识到,我们可以用相对简单的方法达到更好的效果。

那时,现在被熟知的缓和医学基本没有正规的培训,其运营和家庭作坊类似。然而,1997年第一次举办了缓和医学认证资格考试。我依旧清晰地记得那一天。那是一个严寒的早晨,考试地点设置在明尼苏达大学,离我在罗彻斯特的家大约有100英里。

在我开车去考场的路上,车身被茫茫风雪包裹,路面冰冻,可见度几乎为零。快开到高速公路的时候,我问自己:"我是不是彻底疯了?继续往前开就为了参加一场考试,这完全是疯狂的举动。"然而,雪停了。我参加了考试,而且通过了。我也完全没有想过那场考试将会为我开启的大门和道路。

那么,缓和医学是如何融入临终照护的呢?

我们大部分人都熟悉内科医生的概念。这一学科下有许多附属专科,例如心脏专科、肾病专科、呼吸科,等等。而缓和医学现在也是这些被认可的附属专科之一。

缓和医学2005年有一次考核,我通过了;2012年又有一次考核，我也通过了。获得这些资格认证以及成为美国安宁照护与缓和医学会的成员，让我真切地得到很大的成就感。

这究竟有何重要呢？婴儿潮一代的复杂性和老龄化，加上我们的社会结构翻天覆地的变化，让缓和医学专科的发展至关重要。

我们明尼苏达州东北部有一些全球最勇敢、最令人赞叹的患者。一位老年患者入院，通常都是因为需要通过手术或药物来预防危机情况的发生，例如对心脏病突发、肺炎或中风进行管理。曾经，这样的患者会回到他们住的地方，很可能是一个小社区或农场，有关爱他们的家人来陪伴和照顾。

而在当今社会，患者的家人都散布在各地。农耕社会中家庭成员紧密结合在一起的特征正在瓦解，我们现在面对的是混合的家庭、分裂的家庭、继子、第二任妻子、第三任丈夫、终身同居伴侣、宠物和各种五花八门的关系，让这样的问题变得极度复杂化：梅奥诊所要把祖父送回家康复休养或让他舒适地度过余生，但该由谁来照顾他呢？

还有另一个问题。过去有段时间，每位患者都有一位像马库斯·威尔比医生那样的社区医生。威尔比医生是电视剧里的角色，由备受仰慕的罗伯特·杨扮演。威尔比在病床边举止迷人，会亲自给患者打电话，也了解他所有患者的情况，而且几乎没有他解决不了的问题。这个剧从1969年一直播到1976年，一度占据周二晚上的电视节目收视率榜首。《马库斯·威尔比医生》是最早引起轰动的医生题材的电视剧之一。

我还记得在自己临床生涯的早期，很多时候我们希望患者的威尔比医生能到病床边帮忙做困难的决定。如今，情况已经完全不同了。许多患者都没有社区医生，也没有家庭医生，他们被一群技术性强、经过专门培训的专科医生所淹没。而且这些医生对患者的了解十分狭隘，可能也不清楚患者的社会心理情况。

所以，缓和医疗团队的角色就像口译员、笔译员和四分卫[①]——对于那些令人眼花缭乱、技术含量高且可能有危险的治疗方法，团队能为患者和家属合理阐释其优缺点、风险和益处。简而言之，就是把患者当成一个完整的人去治疗，而不只是治疗他的病症。

举例来说，心脏疾病的诊治已经有了长足的进展，在很多年前，很多患者的心脏会出现心电短路，造成心律不齐，严重时会致死，很多患者就这样在睡眠中因为心脏病而离世。

而随着像植入式心脏除颤器这样的新技术出现，许多患者得以从过去可能致死的心脏疾病中获救，但不幸的是，他们却

---

① quarterback，美式橄榄球中的领袖，负责指挥进攻。——译者注

会死于心力衰竭或充血性心衰，也就是心脏的泵血功能严重受损。患者的肺脏、肝脏和双腿因此会出现积液和水肿，而且非常容易疲倦。他们会全身疼痛、呼吸困难，生命品质也很糟。在部分情况中，患者可以考虑安装机械心脏辅助，也叫左心室辅助装置。

之前提过，这些救命的干预举措不是完全没有风险。在手术前，我们缓和医疗团队会和手术医生还有心脏专科医生一起，向患者解释这一举措的影响。不理想的情况确实有可能发生，但我们会马上处理。患者了解我们，知道我们可以处理术后并发症的症状，这可以解决他们的担忧。

但究竟有多少人能真正听进去？许多患者和家属仿佛"失聪"，不记得或者想不起这些手术会产生的并发症。当然这可以理解，我们会面临当这些器械不起作用时该如何处理的困境，患者也会因为这些技术而痛苦不堪。

这些患者快走到生命尽头了吗？基本可以确定。缓和疗法一直监测着患者，在医疗事件发生时缓解他们发生的症状。缓和疗法的基础工作是解决那些恼人的症状，包括但不限于呼吸急促、吞咽困难、体重减轻、食欲不振、疲惫、恶心、呕吐、便秘和神志不清。

缓和医学顾问接受过专业训练，可以掌握病情管理的细微差别。你会看到缓和医学顾问仔细地、有针对性地询问患者的病史和体检结果,并用有效的方法和技巧来解决患者的病症和顾虑。

回顾我 40 年的临床经验,这些诊疗比较直接,并且专注于某一问题的医护管理。在缓和医学的早期,大部分医疗中心的缓和医学诊疗都集中于症状管理,尤其是恶心、呕吐和疼痛。然而,现在我们已经融入了有关护理目标和决策的复杂讨论,这些问题会让患者和家属不知所措,尤其是当患者没有明确说明自己的想法时。

随着婴儿潮一代的衰老,缓和疗法会更加重要。但我们要记住的关键是,缓和疗法为临终风暴提供了安全庇护的港湾,给予患者和家属抚慰与支持。

第九章

缓和疗法如何适用？

患者 90 岁，曾在二战中当过海军卫生员，她在养老院里摔断了胳膊。她被送到退伍军人医院，看上去比之前糊涂，可能是摔倒的时候也撞到了头。

由于担心患者摔跤以及患者其他多种慢性病的康复管理，包括心脏问题和长期的背痛，患者的女儿要求做缓和疗法咨询以评估预后，并想为患者提供舒适的照护。这也涉及医院的社工，因为她可以帮助家属做接下来最好的打算，或者评估患者能否回归到之前的辅助生活模式。

缓和医学专科医生坐到患者床边，问了一系列问题以了解患者的意愿，患者的女儿在这期间一直安静地站在床尾听着。

他们听到的内容令他们感到十分惊讶。

医生："你对自己现在的病情有什么了解？"

患者："嗯，我正在医院里，而且摔断了胳膊。不过这只胳膊不是我12岁溜旱冰时摔断的那只。我在这里多久了？"

医生："你对自己将来的健康最大的担忧是什么？"

患者："我不想成为我孩子的负担。我知道照顾我对他们来说不容易。我会没事的。"

医生："生活中哪些方面对你而言最重要？"

患者："我的女儿们和她们的家庭。我的孙辈们和曾孙们。"

医生："你认为自己快死了吗？"（缓和医学专科医生想了解她对自身情况的看法）

患者："不，不，我不认为。但你们要知道，我准备好了。我的丈夫已经死了。"她看着女儿，想弄清那是多长时间以前的事。答案是7年前。

大部分患者会回答说他们"在走下坡路了",并私下对我们说:"我不想让我的家人知道这一情况。"患者比家属要更早知道自己的情况,有时候还需要我们缓和医疗团队去告知家属。

在评估的最后,医生告诉患者的女儿,他不认为她妈妈快死了,还没到时候。她也不需要缓和治疗,只需要缓解她手臂骨折的痛苦和背部长期的疼痛。家属需要注意患者正在服用预防中风的血液稀释药物,不要过度用药;也应该确保患者不会晕眩或再次摔倒。

退伍军人医院的医生对她的病进行了治疗,缓和医学专科医生查看患者的情况后判定:这种情况下,这位老太太有家人在附近给予她强力支持,在养老院也一样能恢复得很好。神志不清可能是暂时的,或许是她因为骨折而正在服用的止痛药引起的。

不能仅仅因为所爱之人骨折、跌倒、看似神志不清或身体衰弱,就断定情况已到了最坏的地步。一位缓和医学专科医生可以向患者及家属询问关键问题,并根据患者的健康情况进行解释和回答。

在上述例子中,医院社工随后帮助家属把患者搬到离女儿不远的养老院,患者手臂骨折一有所缓解就开始康复训练。之后,这位患者搬进了老兵之家,并在那里度过了一年半。

医疗系统能让患者和家属完全不知所措。许多记者都曾批评过美国的医疗系统，一个常见的批评就是缺乏指引：当患者病重时，尤其在住院治疗期间，他会由一大批高度专业的专科医护人员看护，而这些医护人员很多都不认识患者，而且患者和家属发现他们甚至很难知道自己的医生是谁。

他们会问："对于这些复杂的医疗问题，究竟由谁来做最后的决定？"

当人们急于选择高侵入性和复杂的治疗手段，例如使用心导管和毒性药物来治疗感染、心脏衰竭和其他病症，这种时候患者的情感和精神需求常被忽略，这已成为不争的事实。那么缓和医疗如何融入这一大环境呢？

现在，想要从事缓和医学专科的医生，需要就管理病情复杂的患者的细微差异（就像我们前面提到的海军老兵）进行一年正式的在岗实习。在2012年以前，如果医生有过治疗临终患者的经历，他们会自动获得参与医学会考试的资格。而如今条件限制得越来越严格，想要被该专业医学会认证，必须有12个月的在岗实习。

很自豪地说，我是梅奥诊所第一位获得缓和医疗和安宁照护专业资格认证的医生，并且我设计了梅奥诊所医学院中相关的课程，也曾任那里的医学教授，成为"约翰和罗马·罗斯医学人文主义荣誉教授"的一员。

那么,这一专科如何融入对因患有终末期疾病而住院的患者的照护?

一直以来,人们对"安宁照护"和"缓和医疗"两个术语时常混淆。这些术语常常被交替使用,导致患者、家属甚至从业者们产生极大的疑惑。

让我来解释一下。安宁照护是满足重病患者的社会、精神和生理需求的计划,患者通常预计存活时间不超过6个月,并且已经放弃对疾病的治疗。必须有两位医生对计划时间表达成一致意见,而患者进入安宁照护部门/医院也有很严格的标准,需要有明确的临床参数(例如胃口和精力)以及生理因素(例如呼吸功能和心肺功能),来决定患者是否能获得美国联邦医疗保险(Medicare)提供的这一福利。

患者治疗疾病发生的相关费用大部分由联邦医疗保险支付,同时,患者和家属24小时都能找到受过培训的专业医护人员,他们能熟练使用吗啡和其他药剂来管理患者的症状。而安宁照护计划只是缓和医疗中很小的一部分。

根据定义，缓和医疗或缓和疗法是为患有慢性病和想要改变生活品质的患者及家属提供的服务计划。缓和疗法的目标和中心是管理患者的症状、预测并发症和维持患者的生活品质。基本上所有缓和医疗机构都认可以下关于缓和疗法（及其子类别安宁照护）的评述：

- 缓和医学专科人士重视生命，并把死亡看作一个正常、自然的过程；
- 缓和疗法和安宁照护都不会加速或延迟死亡，也不会延长生命；
- 此类照护着手于管理疼痛和其他病症；
- 两者都拥护且融入心理和精神方面的照护；
- 该专业从业人士加强支持系统，让患者能尽可能完整地度过余生，同样重视为家属提供支持系统，帮助他们解决这些困难及复杂的问题。

缓和疗法咨询服务通常适用于临终的患者，并且一直以来着重于缓解患者的症状。缓和医学专科医生具有专业知识，能游刃有余地应对疼痛及其他症状（例如恶心和呕吐）的管理中的细微差别，可以改善患者的生活品质。

然而，在许多缓和医疗环境中，控制症状这一重心正在逐渐被更广阔的护理和管理目标所取代。

沃伦是一个很好的例子，他50岁，在过去8年里因为心脏衰竭导致身体逐渐衰弱。他有几次心脏病发作，心脏泵血功能被严重削弱。正常的泵血功能被定义为射血分数达到60%左右，而他的射血分数只有5%。

沃伦有严重且复杂的症状，包括呼吸急促、腹腔积液、下肢肿胀。他才讲一两句话就会喘不上气，他自己和他家人的生活品质都不理想。

按照惯例，缓和医疗团队会在沃伦这样的患者临终前来看护他。他们会被要求进行液体管理（检查他喝的东西或者设法排除他肺部周围的液体），并处理呼吸急促、焦虑和失眠等问题。在过去，管理这样的患者是以用药为重心，而现在，重心随着病情的复杂化和美国人口老龄化发生了变化。

现在，许多服务应对的是患者的护理目标和急救选择。这两个术语是什么意思呢？

- **护理目标**是一个宽泛的概念，其中包括仔细讨论患者的心愿和愿望，以及考虑现实情况，让这些目标得以明确和达成。沃伦显然希望身体状况能回归到正常水平，但这一目标已不可能实现。

- **急救选择**是指当患者心跳停止时，是选择使用心肺复苏举措，包括使用除颤仪以及在有些情况下要做气管插管，还是选择不施行心肺复苏举措（Do Not Resuscitate, DNR）。

关于这一点，我向患者和家属解释说，我们已经达到了一种新常态。我们无法让时光倒流，因此我们需要从最大程度上提高我们现在所能看到的患者的生活质量。没有治愈之法，舒适是首要的考虑。缓和医疗团队有责任调整护理患者的目标，并聚焦于现实，理性分析目前形势下哪些是真正可以达到的。

缓和医疗团队会向患者提出的典型问题是：你目前的首要问题或担忧是什么？当被问及此问题时，沃伦立刻回答说他只想回家和家人待在一起，坐在自己农场小屋前面的门廊，看着谷物生长。患者最关注的或许和社区医疗团队（在这个例子中是心脏病专家）最关注的截然不同。

所以，缓和医疗团队与社会服务团体（在这个例子中，医院社工是首要接洽人）和患者居住地的医生合作，把沃伦送回家，让他在他想待的地方，舒适地与家人共度余下的时光。

如果患者没有家人，但还是想回家怎么办？这会是复杂的交接，涉及家庭护理机构、安宁照护部门、家访护士服务等，并需要大规模的资源调动来实现患者的愿望。这些转变需要高强度的工作，但也应该符合患者的愿望。

咨询缓和疗法的方式和时间

就像本章开头我们所说的情况，有些家庭在患者住院初期就咨询缓和疗法，因此很难准确给出这些咨询的占比数据，但可以肯定的是，这一数字在持续增长。那么，在怎样的情况下，家属甚至患者本人应该咨询缓和疗法呢？医生们又为何不让缓和医疗团队的同事来惯常地提供协助呢？

医学变得如此复杂，患者也变得如此复杂，以至于患者找专科医生咨询已是常态。在大多数情况下，比如说消化道出血，社区医生或内科医生会把患者送进医院。患者在那里会接受消化科的治疗，肯定也会有内镜医生来问诊，并进行内镜检查。之后根据内镜检查结果，患者可能需要看外科主任医生。也就是说，会有不同专科的医护人员来到患者面前。

同样，缓和医学专科医生会从不同角度思考如何提升患者的生活品质，他们应该参与到医护团队中。

例如，我的一位癌症患者希维娅，曾因为严重的肺炎住院。希维娅的情况确实严重到需要住院的地步。在感染疾病团队谨慎的指导下，医院给她使用了多种高剂量的抗生素。她的化疗可预见的副作用之一是一种叫周围神经病变的情况。这是一种会蔓延的不适感，是像闪电般的灼烧感，常发作于手脚。虽然不会危及生命，但这种情况可能让很多患者没法独立生活。

这种周围神经病变的常见症状主要是感觉神经出现问题，也就是产生灼烧感和刺痛感。它有时候也会影响运动神经，患者可能会出现足部下垂或难以控制精细运动的状况，例如失去打牌或捏取硬币所需要的灵巧力。

在这样危重的住院情况下，治疗患者肺炎的呼吸科团队显然不会关注周围神经病变的出现，即使那对患者来说很重要。因此，当缓和医疗团队加入时，他们会察觉到这一问题，能够向主要的医护团队推荐一些药物，以减轻患者手脚的不适感。

大部分患者和家属都有足够的常识判断自己是否需要看某科室的专科医生。如果某位患者因为肺炎住院，随后出现消化道出血，大部分患者都知道会有消化科医生加入治疗团队。同样，如果患者有多重症状，例如恶心、呕吐或疼痛，无法完全由主要医护团队处理，他可能需要缓和医疗团队的帮助。

这一切如何运作呢？多数情况下，缓和医学专科医生会与一位护理人员或一位医生助理合作，这个人通常是一位拥有硕士学位并积累了800个小时硕士等级的管床经验的注册护士。

这些护理人员或助理通常会先与患者接触，获取准确的病史，对患者进行体检，回顾化验报告和影像干预，之后把情况报告给缓和医学顾问（一位临床医生），然后医生会去到患者的病床边，再度核实患者的病史和体检情况。

现在，缓和医疗团队的另一个角色是指挥者或者管理者，在患者出院回家或进入安宁病房、养老院等相关机构后，引导他们的症状管理。在一部分情况下，缓和医学专科医生会和居家照护机构分享有关用药剂量和其他治疗的医嘱，以提高患者的生活品质。

临终阶段的缓和疗法

我已经解释过，接受缓和疗法不一定意味着患者已经处于临终状态。不过现在我会绕回来，解释缓和医疗团队如何辅助临终照护。

缓和医疗团队在患者临终前可以提供专业化照护，包括缓解重病引起的症状、疼痛和压力。无论诊断如何，其目标是提升患者和家属的生活品质。缓和医疗团队会问患者一些关键问题，包括：

1. 你的医生对你的病是怎么说的?

　　患者或家属可能会很粗略地回答这个问题,比如"好吧,爸爸活不了多久了",并且经常不太了解病情,比如"她呼吸困难"。缓和医疗团队由此可以了解患者和家属对病情的认知,接着向他们解释情况,比如"呼吸困难的问题可以用这种药物来缓解",并聚焦于患者的真实需要,比如"你父亲说他想在家中离世,我们如何能实现这一愿望?"。

2. 你如何处理信息和做决定?

　　这也是一个关键问题。我经常询问患者,他们是需要了解所有医疗信息的细节,还是只想知道概况。我们尝试判断患者和家属一次能接受的信息量有多大。我们要展示扫描图片吗?我们要用更简单的话来解释吗?有时候我们会画图,因为简单的图画就能帮助患者了解病情,例如肿瘤占整个肝脏的大小。

3. 就你的健康而言,你对未来最大的担忧是什么?

　　我自己猜想患者最应该担忧的事或许与患者真正最担忧的事完全不沾边儿。我会问患者:你最害怕的是什么?什么让你晚上无法入眠?答案经常让我感到惊讶。我听过的回答包括离世的地点(大部分选择在家),或者担心窒息而亡(我们可以用药物解决该问题），但答案经常侧重于关系，比如想再见见倔强的女儿；希望原谅或承认一段不正当的关系；渴望分享家庭秘密；或者为财物犯罪道歉。

4. 生活中哪些方面对你而言最重要？

我尝试这样问以深入探讨这一问题："哪些东西如果你失去了，会让你深受打击？"现在，想想你自己可能会作何回答，你可能会怕失去尊严和独立，或者害怕离开你爱的人。

如果患者对这些问题的回答过于含糊，我会说："请告诉我更多一些，帮助我了解这一点。你刚才说×××是什么意思？"

我也从教训中学会，要询问患者他们希望谁在病床边照顾。有时候是女友而不是妻子，有时候是家属怀疑过但从未真正确认过的同性伴侣。

比起验血结果或扫描图片，我们缓和医疗团队更注重患者本身。

作为一个照护者，你也应该询问这些问题。为什么不呢？患者对问题的回答可能开启之前没触及过的主题，你也能由此了解患者的真正想法。

第十章

缓和疗法和安宁照护如何演变为临终护理的重要组成部分？

虽然 21 世纪的技术、药物、医疗服务都有翻天覆地的变化，但患者和家属仍有诸多不满。医疗系统被认为很冷漠、不够人性化或使用不方便，而且许多患者和家属对其信任不足，对它目前的状态很不满。听上去很熟悉吧？

这些不满，再加上攀升的医疗费用，使得安宁照护和缓和疗法成为美国医疗的前沿阵地。

过去，美国医疗的重心是应对急症护理危机，如肺炎、心脏病和外伤患者。而如今在美国，我们面对的是令人发怵的责任。婴儿潮出生的一代有7600万人，正在敲打着医疗的大门。伴随着多重技术、医疗干预和分科的出现，管理他们的照护需求变得极其复杂，令人不知所措，更别提几乎让人难以置信的医疗费用。

实际上，保险公司本来应该成为医疗的守门人，却造成了医疗费用如此高昂，而且让患者得不到妥善的医疗服务，这样的情况就如同犯罪。看看常规住院的患者的账单，结果绝对惊人。

之前讨论过，缓和医学是内科医学下的分科，着重照护有慢性病或危重疾病的患者。我们这一专科会用不同的管理方法控制患者的症状，不仅包括对其生理方面的照护，也关注对其心理和精神方面的照护、患者的交际圈及其宗教信仰和对生命存在的理解。我们也着眼于临终患者的照护。

这一概念相对较新，可能造成许多患者和家属的困惑。缓和医学专科医生的培训包括4年在医学院的学习加上2~4年内科或家庭医生的实习培训，接着还需要在受认可的缓和医疗项目中正式培训一年。

现在我们有超过6600位受专业医学会认证的缓和医学专科医生，因此在各地医疗中心或医院找到缓和医疗团队的可能性还是很大的。

我们获得医学会认证的医生，都通过了一场长达 10 个小时的熬人的计算机考试，要展示我们在这一专科辨别细微差别的能力。目前的人力评估显示，随着美国人口老龄化和照护的复杂化，缓和医学专科医生的理想数目约为 1.8 万人。但是，我想你已经猜到了，我们并没有这么多的医学毕业生选择这一专业。

在过去，缓和医学专科医生在患者临终前才加入治疗团队，帮助管理患者疼痛、恶心和呕吐的症状。然而，现在我们将大多数时间和精力都花在指导照护上，扮演着患者的支持者及患者和家属的翻译者的角色，与难以计数的专科医生交流，而这些患者不是所有人都已接近临终。

缓和疗法的另一项重要贡献，是与患者和家属分享对疾病预后的理解，无论是否使用干预措施。如果没有这类信息，患者和家属无法做出合理的决定。例如有研究显示，患者如果过度乐观地估计他们的预后和存活时间，就会更愿意选择复杂但可能成效有限的疗法，有时甚至是痛苦和危险的疗法。另一方面，当患者明白他们的存活时间有限，就会更愿意选择维持生命的疗法，即使这些疗法可能对他们的病情不会有太大帮助。

总体而言，我们专科医生认为临终患者要想走得安详，必须完成一些循序渐进的任务，而缓和医疗团队要和患者的主治医生一起帮助患者走完这段旅程。这些重要的任务包括培养患者对其生命的目的和意义的感受，让患者完成未尽事宜和履行责任，让其了却尘世之事，尤其是使其达成和解、获得安宁。

缓和疗法可以在医院进行，也可以在安宁照护的场所，包括独立机构和医院的安宁照护机构进行，或者由安宁照护的提供者在患者家中进行。

缓和疗法简史

让我们简要回顾一下缓和疗法的历史，其中有一些重要的经验教训。中世纪时期，在朝圣的旅途中和十字军东征途中，许多人生病，或者在战斗中负伤。因此安宁照护机构发展起来，以照顾来自五湖四海的伤员和生病的朝圣者。其实在现代观念中，患者所经历的，就是从生到死的旅程。

1905年，爱尔兰慈惠姐妹团（Irish Sisters of Charity）在伦敦成立，并创建了圣约翰安宁照护医院。该运动由西西莉·桑德斯医生发起，她被视为当今安宁照护项目的先行者。她关注临终癌症患者的痛苦，并协助认可和提高吗啡等鸦片制剂的安全性，用来帮助这些弥留的患者。1967年，她在伦敦创建了享誉世界的圣克里斯托夫安宁照护医院。

另一项重要发展是1969年出版的《论死亡与临终》(On Death and Dying) 一书，作者是伊丽莎白·库布勒·罗斯医生。这本书让社会开始关注临终患者的需求，即便到现在也值得一读（当然，等你先读完本书！）。注册护士弗洛伦丝·沃尔德，是耶鲁大学护理学院前任院长，她建立了康涅狄格安宁疗护组织，之后该组织闻名全美。

现在我们来看看一些事实和数据，了解这一运动的影响。几年前的数据显示，美国去世的人中有大约42%使用过安宁照护服务。大部分的安宁照护是在患者家中进行的，还有一部分是在照护机构或医院的安宁病房。随着美国人口的老龄化，大部分接受安宁照护的患者是70多岁。可想而知，接受安宁照护的患者其主要病症为癌症（35%）、心脏疾病（14%）和老年痴呆（13%）。

美国联邦老年医疗保险的安宁照护福利

营利性安宁照护机构的增长引起了人们的一些担忧。这有何重要性呢？每个安宁照护机构对每位患者每天的保险支付额度是固定的，这个额度假设是150美元，如果患者需要复杂的干预和昂贵的药物，那么这个额度很快就会花光。因此，有些安宁医院只收那些不会造成超额费用的患者。这种行为显然有严重的道德和法律问题。虽然这个问题并没有得到广泛承认，但确实引起了一些关注。

真正的挑战是，患者和家属很难理解什么是合理的照护。然而，大部分家庭可以通过与安宁照护的提供者开诚布公地讨论，了解什么是合适的照护，以避免产生误会。

医保支付的安宁照护福利适用于这样的患者：两位医生（通常是主治医生和一位安宁照护医生）都认定患者的预后不超过6个月。在确定患者是否能获得医保提供的安宁照护福利时，我们有一定的准则要遵守，而我们对结果的预测通常是准确的（当然有些时候也会不准）。患者情况好的话能活超过6个月，在这之后患者会再次接受评估，有时候会中断安宁照护。

目前的准则包括：

1. 患者符合医保支付条款第一部分的要求，即患者年满65周岁或以上，并且在接受医保的偿付；

2. 患者的病情已是终末期，要经过两位医生确认，并根据临床判断预期存活时间不会超过6个月；

3. 患者有知情同意权来选择安宁照护福利；

4. 照护由医保认可的安宁照护机构提供。

从体系的角度看，时间被分为两个 90 天周期，随后为无限个以 60 天计算的周期。一位执业护士必须重新评估患者，并且安宁照护医生必须确认诊断和预后是准确的。有时候，患者可能退出安宁照护转而寻求更积极的治疗，之后基于临床情况可以再回到安宁照护计划中。在安宁照护计划进行了 180 天后，患者必须与安宁照护医生或执业护士进行面对面的看诊。

无论患者的年龄有多大，在大多数情况下，只要预计存活时间不超过 6 个月，就有资格获得医保支付的安宁照护福利（或者由个人保险或慈善照护覆盖）。

可以想见，处于困难时期的患者和家属可能无法理解美国医保支付安宁照护福利规定中的细微不同，所以我们来简单说明一下。照护有四个等级：

1. 常规家庭照护

在这种模式中，安宁照护机构会派专业人士看望患者，通常是每星期到患者家里几次，每次有固定的照护时间（可能一两个小时）。常见的误解是，以为在患者家中的安宁照护是全天 24 小时的，其实不然。通常是有 24 小时热线可以联系到安宁照护护士，家属可以随时拨打电话。安宁照护团队的专业人员包括医生、注册护士、社工、心灵顾问、遗族关怀志愿者，可能还有其他服务，例如音乐理疗师和按摩理疗师。这些专业人员把患者和家属当作一个整体来"治疗"。

这种安宁照护福利不包括患者在安宁照护机构中的食宿，这可能让人不解，如果患者住在养老院的安宁病房，他们依旧可以接受安宁照护，但食宿费用必须由患者及家属来支付。

2. 持续家庭照护

适用于患者紧急病重时，例如疼痛、恶心或呕吐，会有每天至少 8 小时的家庭特别护理。

3. 普通住院照护

适用于已经在家中或养老院接受过照护管理，但因为症状加重必须暂时住进医院或安宁照护机构住院部的患者。

4. 暂托照护

在有些情况中，家属或照护者身心俱疲，所以患者可能需要住进照护机构，让家属能休息几天。大部分安宁医院与专业护理机构（如养老院）有合约，或者利用居民区的安宁照护机构来帮助实行暂托照护（患者会被送到该机构）。

由于这些照护项目的复杂性,很重要的一点是让所有相关人员或相关机构之间有清晰的沟通,包括安宁照护团队、患者的社区医生和医院。有时在紧急情况下,家属会把患者送去急诊,结果患者之后住院了,但安宁照护团队不知情,患者和家属或许因此需要支付巨额账单。事实上,接受安宁照护的患者几乎不需要被匆匆送去急诊。我建议家属,若有任何问题,甚至是那种需要打911急救电话的紧急情况,就直接给安宁医院打电话。

为难题寻求答案

临终患者中有90%的人会选择在自己家中接受照护。然而,其中会有80%的人死在医疗机构中,并在死前接受并不想接受的治疗。其中一个原因是关于安宁照护项目存在着错误信息。通常来说,患者和家属把安宁照护看作最后的办法,或者是放弃治疗的标志。情况绝非如此。事实上,我们有充分的证据显示,在安宁照护中,患者的满意度能获得提升。此外,安宁照护也能明显削减医疗开支。

美国人常常无法在家中离世的另一个原因是所在的地理

位置。听上去很奇怪，但"达特茅斯·阿特拉斯（Dartmouth Atlas）"项目的数据显示，在犹他州奥格登离世的人中有71%接受了安宁护理，但在曼哈顿只有31%。如果你想在家中离世，或许可以考虑住到亚利桑那州的太阳城，那里只有12%的人在医院离世。

这其中有哪些因素会产生影响？人种是其中一个原因。根据我的经验，非裔和西班牙裔美国人更不乐意选择使用医保支付的安宁护理，这出于他们对医学普遍的不信任，以及家庭中"我们自己照顾自己"的精神信条。患者的选择也取决于医生。我的同事中不熟悉安宁护理工作的人向患者推荐这类服务的可能性相对较小。

或许应该由患者和家属来做选择。我看过有数据显示，只有不到一半的美国人讨论过安宁照护，因为这不是感恩节晚餐时最让人振奋的话题。我希望本书能鼓励更多人在感恩节聚餐时讨论这些痛苦的话题，而不是等到某位亲朋病入膏肓、大家都围绕在他身旁时才去讨论这种事情。

让我来给出一些可以作为谈话开场的问题。这些问题改编自美国安宁照护基金会和华盛顿大学心理学家布莱恩·卡彭特的著作：

- 如果你患了重病，例如癌症、中风或心脏病，你想接受什么治疗？不想接受什么治疗？你想如何处理疼痛？
- 关于做有关医疗照护的决定，你想要委托别人吗？委托谁？
- 你想接受或者不想接受哪些积极治疗？如果没能治愈你，你会停止这些治疗吗？
- 你想在家中离世吗？
- 在你离世后，你希望我们如何处置你的遗体？
- 在你临终之前，什么对你来说是最重要的？你在离世前想完成什么？此生你最珍视的是什么？

这些是我与患者一对一时，而不是有一堆医护人员围绕患者时，通常会问的问题。我想知道患者的背景情况，并且询问他们的愿望、他们最骄傲的事或者他们希望能重新来过的事是什么。

当然，患者对于这些问题的回答应该以事前指示的形式做书面记录，但交谈能够让家属了然于心，并让被指定为医疗代理人的人明白妈妈、爷爷或者米妮姑妈的愿望。（有关事前指示的深入探讨，请参阅第二十一和第二十二章。）

决策能力

根据我在这一领域丰富的临床经验,我看到缓和疗法和安宁照护在患者管理中地位的转变。我们在梅奥诊所的缓和疗法项目开始于20世纪90年代晚期。项目刚刚起步时,我的主要任务是症状管理。我们中的一小部分人开始接受使用吗啡,而且我们每一位同事都明白了管理恶心、呕吐、疼痛等症状的重要性。

然而在过去几年里,我们的投入有了微妙的转变。现在,我们许多的讨论都聚焦于照护的目标,以及患者可以获取的医疗或症状管理的积极疗法。

让我分享一个例子。海伦80岁出头,是一位退休的教授,患有严重的慢性阻塞性肺病。她独自居住在有辅助看护的养老院中,服用着多种药物。随着病情的发展,她身陷于最常见的循环中——呼吸急促、焦虑、半夜被送去急诊、在医院接受特殊治疗、许多天后出院,之后又要忍受再一次的循环往复。

这种在医院和养老院之间的往返十分折磨海伦和她的家人以及她的医护团队,同时医疗费也非常昂贵。后来,我们缓和医疗团队有机会与海伦和她的两个女儿坐下来讨论,建议了另一种策略。

我们建议她使用激素,例如泼尼松,并且嘱咐她使用吗啡来缓解呼吸急促的症状。大家都明白反复住院对她没有好处,于是在医护人员和她女儿的帮助下,我们就如何在她居住的养老院里处理症状给出指导。

大家都接受了这一计划,最终海伦在她自己的公寓里安详离世,有她爱的家人和邻里围绕在身边。因此,在这种情况中,缓和疗法像翻译一样解读了来自医院主要医疗团队的治疗方案和建议。

海伦也参与了决策过程。她知道我们的讨论,并且明白自己想要什么(和不想要什么)。但我们在缓和医疗中的困难之处在于,所面对的患者不像海伦那样意识清晰和有决策能力。

讲到"能力",有很多易让人混淆之处。"能力"可以是一种法律用语,但这里所说的"能力"实际上指做出医疗决定的能力。这是一个重要的区别,尤其在处理移植和技术的使用这类问题时。判断患者是否有决策能力,患者需要满足一些条件,使我们很容易就能在病床边进行评估:

- 能够就病情表达意见,清楚、连贯地说明诊断、预后、治疗选择及其优缺点和风险;
- 能够根据个人情况做出理性选择;

- 没有神志不清，也没有未治疗的精神疾病；
- 意见坚定，没有摇摆不定。

随着时间的推移，患者可能没有"能力"参与投资股市等活动，但他们在做医疗决定上仍有明显的能力。

为了给做这些困难决定提供支持，美国安宁照护与缓和医学会等机构发布了政策声明，其中明确指出要慎重考虑没有益处的医疗干预。也就是说，这些医疗干预无论是没有开始（不选择）还是中途放弃，在道义上都是相同的。

举个例子，让我们来看看肾透析的问题。这是一项非常复杂的干预，其中会用到动静脉瘘，通常需要侵入手臂的大静脉。患者要经受血液过滤，通常每星期3次，每次4~5个小时。透析过后，大部分患者会感觉不舒服，并且会犯迷糊。几乎没有患者在透析后感觉比之前更好。情况常常是这样，如果患者有能力和意愿中止透析，停止（放弃）这种治疗会是道义上最正确的做法。

贝蒂患有肾衰竭多年，她每星期要从小镇家中前往几英里外的透析中心3次。在79岁的时候，她决定自己已经活够了，也厌倦了这些治疗过程。她并不是总感觉"不错"。

她完全明白自己的决定，也咨询了自己的家庭医生，于是加入了当地养老院的安宁照护项目，停止了透析，希望能平静地寿终正寝，而她最终也如愿了。

贝蒂终于感觉自己在渐渐衰弱，也开始服用医生嘱咐的让她能感觉舒服些的药物。安宁病房的气氛有时会沉闷、悲伤，但也不是没有欢庆的时候，有一天早上保洁员清扫出了空啤酒瓶和爆米花。

另一方面，92岁的芭芭拉已无法表达自己的愿望。几个月前还有能力时，她立下了预立医嘱，指定她的儿子成为自己的医疗代理人。她不想再采取任何费劲的干预措施。她当时生活在老兵之家的护理区，当她开始出现明显的呼吸急促，无法说话或表达不清，充血性心力衰竭持续恶化的严重并发症让她必须弯下身子才能喘过来气时，她的儿子说："我们该请缓和疗法和安宁护理人员到家里来，开始使用吗啡，让她躺到床上。"

我们预料她第二天一早就会离世。最后一晚，她穿着睡衣躺在自己的床上，有儿子守在床边握着她的手，一直对她说她的一生是多么美好。那一刻，芭芭拉没有决策能力，疾病掌控了她，而她孝顺的儿子执行了她的预立医嘱。

患者是否需要进行某种治疗干预，一项重要的评估标准是患者的决策能力，或患者指定的代理人的判断。在这些例子中，要么是患者自己，要么是患者的代理人做了决定。没有人拨打911，没有采用心肺复苏，没有最后一刻的动摇，没有后退。

第十一章

什么是安宁照护?

让我们来聊一聊这个没有人想谈的话题,但如果我们忽略它,后果会很严重。所以,让我们来谈谈安宁照护计划吧。

安宁照护计划的概念在患者、家属甚至医护人员之间引起了很多困惑。如果对缓和医疗没有一定认识的话,我们无法阐明安宁照护,而这是贯穿这本书的主题。

简单地说,全美的缓和医疗计划强调生活品质和舒适感,应对患者及家属在生理、心理、情绪、社交和精神上的需要。

它肯定生命，不支持在医生协助下自杀或者安乐死。

历史上，缓和医疗在患者生命即将到达终点时介入，强调症状管理，但在癌症社群中有一股新兴且持续的潮流，将缓和医疗推往更"上游"，即在癌症诊断时就引入缓和医疗，且随着疾病进展的每个阶段，更多地介入患者的照护。

安宁照护只是缓和医疗中的一小部分。正如我的同事，比弗利·海恩斯（四季养老院的执行主任，同时她自己也是一名护士）在我写这本书时轻描淡写地指出："安宁照护是一门照护的哲学，接受死亡作为生命正常的一部分。"

简单一点说，安宁照护是美国联邦医疗保险涵盖的服务，通常在患者的预计存活时间为6个月或者少于6个月的时候使用。我们已经谈过这个话题，但让我强调一下，这并不是一个硬性规定。你的医护服务提供者需要问自己一个问题："患者可能在6个月以内去世吗？"如果答案是肯定的，那患者便具备接受安宁照护服务的资格。

在大多数情况下，患者会由安宁照护医疗主任与他们指派的人员共同评估，通常是一位护士或医生助理。患者住进安宁照护病房的硬性条件有一些是容易理解的，但有时候也让人费解。

曾经有那么一段时间，这些标准相对比较宽松，有些患者会参与或加入安宁照护计划好几年。举例来说，患有充血性心脏衰竭晚期的患者，必须达到一定的准入标准，包括测量心脏泵血功能的射血分数，以及患者整体的力量和耐力。

有心脏或肺部疾病的患者，必须在心电图和超声心动图的检测结果以及其他参数显示疾病达到一定严重程度时，才能具备加入安宁照护计划的资格。同样，对于有失智或阿兹海默症这类疾病的患者，也有清楚的标准。换句话说，如果一个患者不能好好进食，也无法行走，有尿便失禁的症状，或者讲不清楚话，那这名患者可能具备接受联邦医疗保险所覆盖的安宁照护的资格。

你不需要知道这些条件，因为这是医护团队的职责。但你需要有一个大致的认识，仅仅说"患者状况不好"并不能让一个患者自动地成为接受安宁照护的人选。

总而言之，如果根据患者的病程，可以合理地预见患者将在 6 个月内去世，那么患者便可能有资格享有安宁照护服务。在此我需要重申，虽然电视剧中的演员扮演的医生像上帝一般，但我们医生不是上帝，我们真的不知道一个人可以活多久。我们真的不知道。

安宁照护的类型

总的来说，有两种安宁照护。

1. 居家安宁照护计划

持有执照的安宁照护临床工作者，通常是受过高级训练的护理师，他们每周拜访患者几次，每次大约一个小时，评估患者的症状，据此调整药物，并协助患者的护理和个人卫生，与家属沟通患者的病情进展，通过亲自照顾患者，能以宏观的方式观察患者的问题。关注的焦点在于消化、排尿、疼痛、睡眠及其他需要关注的问题上。

如果患者状况恶化，或者需要对药物进行重大调整，安宁照护的护士，也是"第一线的士兵"，会联系安宁照护的医疗主任或者患者的私人医生。

居家安宁照护计划的其中一个关键是，当家属对患者的状况感到担心时，他们有一个可以联络的电话号码。如果没有临终安宁照护的支持，患者和家属很难找到可以全天候为他们解决问题的合适人选。

大部分的安宁照护是居家服务，会要求护理人员到患者家里，但这不是硬性规定。很明显，若患者严重失能，也许就并不适合进行居家安宁照护了。

这里指的"居家"是患者称为"家"的任何地方，比如私人住宅、女儿的家、某个养老院或者有辅助生活设施的疗养院。

2. 机构性养老院安宁照护计划

在某些社区中，这是一个像家、酒店或者为疾病晚期的患者设计的私人住宅。在某些情况下，在疗养院或医院有指定的安宁床位，满足患者在家以外的需要。

在这里，患者可以得到安全可靠的照护，照护会聚焦于患者的生活品质和舒适感，而不会只聚焦于高科技的侵入性干预，比如放射性治疗、化疗或输血，因为这些通常不会提高患者的生活品质。尽管如此，这些治疗在某些状况下对临终的患者也许是恰当的，这需要根据个体状况做出决定。

大部分的安宁照护中心都有自由的探访时间，患者和家属有权获得富有同情心的照顾，他们的问题也能获得及时且具备尊重的处理和解决。

有些患者的复杂状况导致其需要无法在居家医疗中得到满足，而康复中心、疗养院或医院里的安宁照护指定床位最符合这些患者的需要。另一种选择是"居家型"疗养中心，这个选择有许多明显的优势，但有个主要的缺点是许多患者仍然说这不是"自己的家"。在这里，安宁设备可以"像家一样"舒适，有供家庭照护者使用的厨房和淋浴设备、床边的睡椅、礼拜堂、零食，以及全天24小时、一周7天在岗的照护员工，而且通常欢迎家庭宠物。

我的大部分患者都表示希望在家过世，但这常常无法实现，尤其是患者有复杂的医疗需要或严重的疼痛问题，需要医疗团队密切监测的状况。如果患者的照护者是年长者或身体虚弱的人，在家过世就不是一个可行的选择。

一些个人见解

产品因彼此竞争而产生佼佼者：书籍因彼此激烈竞争而产生畅销书；餐厅宣称自己有最好的肉卷；如今公开的全国注册系统使医疗机构之间也彼此竞争。为什么有些医院在骨外科排名第一，或在癌症治疗排名前十？为什么有诸如此类的排名？

当然，这全都是市场营销。当患者在医院去世时，猜猜看谁在追踪这些数据？是许多政府机关和排名的机构。大部分的临床医生不会告诉你这个黑暗的秘密，但我会。

通常来说，如果医院里出现入院或手术30天内死亡的案例，这对于医疗机构就很不利。可以调侃地说，患者不应该在术后30天内去世，这也是为什么许多医院会帮助术后患者度过30天的门槛。但是，所有的案例和患者都是不一样的，所以这个指标没有意义。

但是，有一个渐渐出现的趋势是，如果患者在医院的安宁照护病房里去世，这不会被计入死亡统计。因此，如果患者是接受安宁照护的人选，那么在住院的30天内，行政系统就会准备好让患者住进安宁照护病房，患者会被移到侧楼，或另一个楼层或房间，被视为安宁照护的患者。

好消息是患者将从我这里或类似的团队那里得到很好的安宁照护。但从另一方面来说，有些家属则感到压力——或者该说，是被温柔地逼迫，在没有充足的计划或讨论的情况下患者就进入了安宁照护阶段。你只需要明白，你有选择的权利。如果你感到压力，你不一定非要待在那家医院。现在你知道了，你所爱的家人可能被视为一个不希望被看到的"数据"——这是一个我和我的同事都不乐于见到的不幸的发展现状。

安宁照护中心的选择因人而异。有些人有过朋友或家人在家过世的负面经历，对这些人来说，机构性养老院的安宁照护可能更加理想。

在安宁照护的环境下，众所周知，死亡是自然原因导致的结果，或者是潜在病程的自然变化。所以，安宁照护计划的目标是减轻患者心理上、情绪上、精神上和身体上的痛苦，而不是加速他的死亡。

第十二章

为什么家庭会议至关重要？

患者理查德是一位中西部小型社区的大学老师，也是重要的行政人员。他患有恶性黑色素瘤，肿瘤已经从他的脚扩散到腹部，接着转移到许多淋巴结。1月时，他的大脑也出现了多个转移病灶（中枢神经系统转移）。经过全脑的放射性治疗，他的状况好转并维持了几个月。

但当他5月回来复诊时，他腹部有癌细胞的淋巴结变得更加严重，而且理查德有轻微的神志不清，他的"执行能力"受损。换句话说，他开始无法做决定或无法完整地做合理的选择。他无法用一种有意义且合理的方式整合信息。这种神志不清和大脑额叶有关，其受损的常见原因是患有认知疾病或大脑缺氧。

除此之外，他开始走路不稳。这些症状都强烈地暗示他大脑内的肿瘤性结节在扩张，而且核磁共振影像也确认了这一点。

理查德之前接受过多种化疗，很明显都没有起作用，所以我们现在面临着令人苦恼的困境：接下来该怎么办？未来又会是怎样的？我们有哪些选择？

通常在这种情况下，我们不期待患者可以接纳、吸收并消化医生所给的信息。我们可以预见患者无法完整地参与讨论，但在会诊时，理查德由他已经成年的女儿和他的两位兄弟陪伴。

每一个医学专科都有一个工具箱。一名神经科医生的工具箱里会有叩诊锤；一名心内科医生的工具箱里会有听诊器；一名外科医生的工具箱里会有手术刀；而在安宁照护专科医生的工具箱里，至关重要的工具是家庭会议。

我会将患者的家庭成员召集在一起开始进行讨论。我们也许会告知患者这些会议的存在，但家庭会议通常都在患者不在场的情况下在一个安静的房间内举行。一旦家庭成员在患者的治疗方向上达成共识，我们便会回到病床边，与患者讨论会议内容。在医院里举行这种家庭会议感觉有些奇怪,但你会看到家庭成员聚集在病床边,与医生和医疗团队进行深入的讨论。

对于那些不在场的家属,比如没有办法在当时赶到现场的家庭成员,我们会使用免提电话让他加入。邀请到场的医疗团队的关键人物有:医生、物理治疗师、注册营养师、牧师、护士和其他参与患者治疗的重要成员。这个会议很重要,因为这能确保每一个人都能得到一致的信息,而且中间不会产生误会。

通常情况下,缓和医疗团队的人会引导家庭成员的对话。我经常问这个问题:"从到目前为止看到的情形,你们预期患者的病情会如何发展?你们觉得在接下来的几周或几个月内会发生什么呢?"

医疗团队的成员会逐一自我介绍,而我们会邀请每位家庭成员谈一谈,从医疗团队的说明中他们听到了什么。清晰的时间限定很重要。假如定为 45 分钟,时间一到,专业团队将会离席,让家属之间有进一步的讨论。

在理查德的癌症案例中,我很清楚地解释了我们的选择有限。我们无法治愈他,但有可以考虑的化疗选项。外科医生说没有合理的手术选择。家属理性地询问每种治疗的优劣、风险以及能带来的益处,并且表示能够支持患者不进行更多治疗的意愿。

家属能够参与这些关键的讨论是很重要的，因为他们能够对决策过程有清楚的认识。缓和医学专家在这个过程中扮演翻译的角色，把让人不知所措的临床信息用可以理解的语言表达出来。

如果符合患者和家属的意愿，让他们亲自看到实际的影像检查结果，通常对医生是有帮助的。我可以在医院的电脑屏幕上显示电脑断层扫描结果，并指出异常的地方。有时候让患者和家庭成员亲眼看到问题，能帮助他们理解疾病的进展。但是有一个重要的警告是，我总是会先问患者和家属是否希望看到影像结果。有时候，影像结果太过异常，会导致每个人都非常忧愁。如果你没有患者的影像结果，可以主动索要一份。

家庭会议的另一个重要层面是肯定和支持家属的共同决定。患者和家属通常最懊恼的事情就是追悔假设："要是我们做了……或……，结果可能会不一样。"这样想会带来沉重的负担。我们要肯定自己做了正确的决定，并且没有什么值得后悔的。后悔只会不必要地浪费你大量的精力。

最终，我们达成清楚的共识，理查德不适合再进行更多的治疗，但是他的生命尚未完结，还有未完成的事情。患者丧偶，一直在一栋高层建筑的房间内独自居住，而这种居住状况对他来说明显不再安全。到这里，对话进入另一个方向：如何为理查德在所剩的时间里提供最高的生活品质？而他的家人们带着新的希望和乐观的心情开始了这个新的任务。

在另一个案例中，艾琳的爸爸在重症监护室，在状况急转恶化后，他没有再恢复意识。艾琳分享了安宁照护的结果，这也是我们希望每位处在这种状况中的患者和家属都能经历的："家人们每天都在医院，我们从医生、护士和医院社工那里得到许多支持。虽然这是个不幸的经历，但我觉得我们做了正确的事——我们作为一家人一起做了决定，支持彼此，并和父亲相处，在我们力所能及的范围内为爸爸做出对他最好的决定。"

家人无法达成共识怎么办？

当家属之间对照护管理的意见存在明显分歧时，缓和医疗和安宁照护专业的医疗人员也要用专业知识来处理。

华金是一位40多岁的男士，患有心脏感染，这种病称为病毒性心肌炎，严重地损害了心脏泵血功能。他出现充血性心力衰竭，时不时出现明显的呼吸急促，腹部和小腿大面积肿胀。尽管进行了各种适当的治疗，但他的心脏仍持续衰竭，剩下的唯一可能有价值的治疗是使用左心室辅助器。

在过去一段时间，这项技术被视为患者在接受心脏移植之前维持患者生命的一项过渡治疗，但随着可供移植的心脏数量逐渐减少，这个机械装置如今被视为"终点治疗"，意思是最后的治疗而非过渡治疗。

这个十分复杂的手术过程，可以明显改善一些患者的生活品质，延长他们的生命长度，这些患者指的是那些可以挺过手术后第一个月的人，他们时常有很高的风险会出血、出现血栓以及感染。

在我们提到的这位患者的案例中，他的状况持续恶化。他的机械泵装置遭到感染，因而他出现了肝脏和肾脏的衰竭，需要透析，以至于后来华金不太可能再以正常的生活状态离开医院。

现在，让我们来看看他的社会心理历程，这毫无疑问非常重要。他是一个小社区中表现突出的商人。他有两个已经成年的孩子，来自他的第一段婚姻，而这段婚姻以离婚告终。现在他与第二任妻子有三个年幼的孩子。患者本身抵触积极的治疗，但他的第二任妻子坚持让他进行所有可能的治疗，而他的父母基本的意思是："适可而止吧。我们停止所有的治疗，让他舒服一点。"

这样的家庭冲突绝非少见，需要医生有技巧地认可和尊重每个人的意愿，来帮助患者做出适当的决定。

从事缓和医疗工作的我们从痛苦的经验中学到,这没有捷径,也没有快速的解决方法。关于患者是否应继续进行积极治疗的问题,只有一个处理方法,就是通过家庭会议的方式(不论患者在场与否)。

我已经用通俗的语言解释了家庭会议。现在让我强调一下,在这些会议中,家庭成员之间通常会爆发一连串的感受和情绪,以及突发的举动。在会议的最后,至少让在场的家人对下面这个问题得出明确的答案:"什么是对患者的幸福最好的决定,而不是我作为家属想为患者做出的决定?"作为医生的我们,也需要注意区分我们的意愿和患者的愿望。

当治疗几乎没有正向结果的可能,而且会给患者的家庭带来极具破坏性的痛苦时,我个人常为患者愿意承受的漫长的治疗过程和要忍受的不适感到震惊。我记得有另外一位患有心力衰竭的男士,他相对年轻,几乎用过我们医院里所有的治疗设备,但他并不适合心脏移植。他的第一任妻子和孩子们,以及第二任妻子和孩子们都已经搬到罗彻斯特,当时长住在汽车旅馆。有好几周的时间,他的状况没有改善的可能,但他依然能够坚持接受我们可以提供的每一种医疗干预。

但是我们跟华金和他的家人讨论了明确的时间表。比如,如果他的体重没有在接下来的两周内增加 5 磅,我们就需要认真地考虑停止积极治疗；如果在这些强效抗生素的治疗下他的发热没有消除，而且如果在他醒着的一半以上的时间里他无法下床活动，那么这些迹象表明我们应该考虑暂缓一些积极的干预。

换句话说，没有人"拔掉插头"——这是一种好莱坞式的委婉说法，但需要就衡量标准或需要达到的指标进行明确讨论，来告诉我们继续这些治疗方式是否已经没有益处。

如果你被迫面对这些令人痛苦的决定，非常重要的一点是要让患者参与到这些讨论中，让这些决策过程完全透明。这让我想起那些常见的典型场面：在我们医护团队在床边与患者和家属进行了严肃的临终讨论后，当我们走出病房，身后尾随着一群家属追问："好吧，医生，现在告诉我实际的状况究竟如何？"

当这种情况发生时，医护团队可以礼貌地回到病房，所以患者会明白没有所谓的"隐藏的事情"，所有事实都清楚地摆在台面上。这不仅仅是因为这是正确的做法，同时也因为几乎在所有的医学中心，患者都有权看到自己完整的病历记录。当患者看到病历记录和社区医疗团队与患者分享的内容相矛盾时，会对患者产生很大的打击。

家庭会议通常每5天举行一次。在华金的案例中，他没有好转。他的妻子最终同意，这些积极治疗并没有起效，尽管我们已经尽力了。

还有另一个案例。哈里逊从房地产生意中赚到不少钱，他的妻子在他们居住的那座中西部城市也是成功人士。他来找我就诊，我在他因为前列腺癌的严重并发症住院时来到他的床边。这对夫妻的三个已经成年的儿子陪伴着他们。我不知道他们在成长过程中发生的家庭冲突是怎样的，但这三个儿子和他们的母亲争论，跟他们的父亲顶嘴，彼此针锋相对。我当时十分担心，想着如果争论升级为拳脚相向，是否需要通知医院警卫。

结果这群孩子们对他们父亲的危急状况的愤怒很自然地转向了我——因为现代医学的局限性、不同疗法的未知性以及我们为什么不能治好他们的父亲，等等。

我无法向哈里逊保证治疗效果，但是他的儿子们十分确定能在网上找到治愈他们父亲的方法，就好像我们梅奥诊所想要把这秘密的治疗方法藏起来似的。他们在笔记本电脑上用谷歌引擎搜索，读到了发生在第三世界的奇迹性的治疗和没有依据的医学报道。他们没有浏览可靠的医学杂志或访问医学图书馆的网站，但如今他们是"专家"，他们想要决定疗程。他们提出一个接一个的问题，关于他们在网上看到的某种药，或国外的某项技术，或某个"保证"奇迹会发生的补品。

在我们的家庭会议中，他们不断地问"这个呢？""那个怎么样？""我们有想过这个吗？"，重复地问些相同的问题，希望可以得到不同的答案，而浪费本来应该帮助他们父亲的宝贵时间。

医疗团队会给患者最好的建议，和患者合作，尊重他们的意愿，并引导下一步的治疗（有时候下一步可能是完全不做任何治疗）。但当家属们——在这个案例中是三位愤怒的成年男性，在家庭会议中挑衅好斗的时候，我们医护人员很难在这种情况下好好工作。

我要向你们吐露一个秘密：在这种对峙的情况下，我们通常会显得很被动。不是说当儿子扮演着医生的角色，认为父亲需要再做一次核磁共振影像检查的时候，我们就会按他的要求进行，而是在这些家庭冲突中我们会害怕地退缩。在家属们自认为比医生更有能力的时候，我们会选择将自己从临终床边上演的肥皂剧中抽离。我们勉强参与讨论超乎常理的治疗方法和画饼充饥的网络广告。时间更应该花在与他们的父亲讨论他的希望和期待是什么、如何减轻他的疼痛和折磨，而不是纵容一个有了笔记本电脑和互联网就自认为自己什么都知道的孩子（或大人）。

提出相反意见的人，往往不是患者的孩子，就是患者的孙子，或者是一个曾经有过"类似的癌症"经历的善意的教会成员，或者是坐飞机赶到床边的远亲，他们会打乱原本的平静，并要求医疗团队"治好他"。你可以想象，这些可能引发争议的家庭会议将会如何上演。

解决方法是，如果做决定的人不是患者本人的话，我们会建议家属们选出一位管理者。我们鼓励讨论话题围绕着"什么是对父亲或祖母最好的"展开。当每个人都专注于共同的目标时，这些家庭会议经常能达成共识，并且在进行的过程中能更少出现意外。

也许每周有一到两次，家属会问我他们是否能够录下（语音）咨询的过程。虽然有些不愿意，但我还是会同意。这样做的问题是，这会迫使我衡量和斟酌我说的每一个意见，而去除掉一些在这些咨询过程中人性的部分。并不是说我担心我会说错什么以至于最后这些录音对话会在医疗纠纷的法庭上被播出，但跟所有人一样，当在我和患者之间的神圣对话中多了一个录音机或者智能手机的时候，我会变得更谨慎一些。

还有人问我是否能够通过网络视频，让远方的家庭成员看到。我会拒绝这样的要求，因为有为患者保密的义务。我会仔细地解释，如果这个直播的内容被泄露出去，这段视频会被疯传，随之可能带来极严重的后果。到目前为止，我在这件事上还没有遇到过挑战。

当安宁照护作为一个候选

在华金的案例中,治疗进行得很不顺利。有一天,家庭会议谈到了他接下来要去哪里。待在医院通常不是一个选择,因为这涉及病床边第三方的利益,我指的是保险公司。比起过去几十年,如今我们被迫更早地让患者出院(或转移患者)。任何在医院中与照护相关的开销都不会被保险公司支付。令人难过的是,患者和他们的家属经常要被迫根据要支付的费用来做出医疗上的决定。

我们这些穿着白大褂的缓和医疗团队是可以有一些选择的。与其直接建议患者接受安宁照护,我经常这么问:"你是否考虑过将安宁照护当作一个备选方案?"

这样的措辞是有帮助的,因为"安宁照护"这种说法在某些情况下可能有些负面的含义。在一些场景中,这种说法与放弃或结束生命有关,或被等同于让患者独自住在某种辅助型设施里。对安宁照护有这种想法的家属也许会说类似这样的话作为回应:"我们就只能把妈妈送去等死,对吗?"

这是一个很好的时机,让我们与医疗团队就联邦医疗保险的安宁照护服务及其实际内容展开讨论。人们对于安宁照护的运作实际上有着极大的误解。

在家庭会议中我会解释，在大多数社区中，安宁照护是一个居家照护计划，由通过认证的医护服务提供者与患者保持联系，通常是每周花几天时间，每次大概一个小时。强调这是一项全年无休的服务很重要，通常由一名注册护士作为沟通渠道，连接患者与安宁照护医疗主任或患者的基础医疗医生。

有些安宁照护计划为居住的安宁照护场所提供选择，有私人或半私人的房间。或者可以住在养老院，但患者可以接受安宁照护的服务待遇。在独立机构或医院中也可以选择紧急安宁照护，患者可以从急诊室转到那里的安宁病房暂住，这通常是患者的情况恶化到家属无法在家进行照护。之后患者会被转移到家中或患者自己回家。

我们很清楚，不能指望患者和家属明白一个症状或诉求是严重的还是只是轻微的不便。一通热线电话可以让家属联络到安宁照护的专业人员，区分问题的紧急程度。

根据我个人的经验，安宁照护服务对患者和家属有很大价值，因为它通常允许患者在一些困难的时候待在家里。我常常听到类似这样的评论："安宁照护的护士相当出色，我们唯一的遗憾是在父亲患病早期时不知道这项服务。"

我可以用我自己与家人的经历，或者每天从患者和家属那里获得的评价告诉你，安宁照护的护士是一群特别的人，人们常常用这样的形容词描述他们的特质：非常有爱心、十分专业、对死亡过程十分了解、让家属感到放心、随时可以联络、尊重患者或家属的决定。安宁照护的护士是可以依靠的人，他们可以体谅患者失常的态度；凌晨 3 点时在电话另一端可以发出令人放心的声音；当整个临终过程让人喘不过气时，他们的存在会令人感到安慰。

安宁照护提供了一种体贴的选择，让患者和家属可以深思熟虑地讨论和选择下一步。

第十三章

什么是以患者为中心的临终照护？

马库斯·威尔比医生在几年前就退休了。甚至我自己的家庭医生法兰克和他的同事在艾森豪威尔当选总统之后就不再上门问诊。当今的医学和我们父母那代经历的医学截然不同，而医学在我担任医生时发生了翻天覆地的变化，尤其是在癌症的治疗和治愈上取得了巨大的进步，我一直为医学的进步感到惊讶与喜悦。但是，和大部分医生一样，我对医疗服务的现状以及保险公司、政治、大型药厂在我与患者中间的操作感到失望。即使如今在我写下这些时,这也是个敏感的政治话题。

医学在传统上是一种家长式的、近乎独裁的专业。医生接受教育,他们在社会中地位显赫,他们的话像神谕一般被人接受。没有辩论,没有讨论,你只需接受医生所说的一切。即便在今天,你渐渐年长的母亲也只是知道医生为她开的黄色药丸是"对她的心脏好",而她每天早上会按时按量地用一杯水送服。是不是被我说中了?

这种"视医生如上帝"的模式在中世纪时发展起来,当时患者接受的教育相对较少,当然也几乎没有医学和生物理论的概念——甚至连医生也是。随着印刷技术的发展和大众教育的普及,这种情况渐渐发生变化,并在大众能轻易浏览健康资讯网站的时候发生了巨大的改变。

当今局面发生了180度大转变,患者拥有了更多的权利。患者是决策过程的焦点,这理当如此。在理想的世界中,患者、家属和医生有着彼此合作的关系。

让我们从一个例子看它如何实现。

苏珊是一位50多岁的妇女,拥有自己的小生意,既往病史中写着她曾患有肺癌,经过做手术移除肿瘤而治愈,不需要后续的化疗或放射治疗。当她来找我复诊的时候,她的影像和血液检查结果都为阴性(实际上,她血液中的一项癌症指标非常低），但她颈部的不寻常的肿块暗示着有什么不对劲。

我们发现她有一处淋巴结肿大，结果是新的原发性卵巢癌。她接受了化疗，也饱受了化疗副作用的折磨。不需要多说，化疗的经历并不怎么愉快，但令人欣慰的是，化疗阶段结束时，分期的扫描和评估都显示没有癌症活跃的迹象。

按照通常的指导方针，苏珊每 3 个月要进行一次复诊，进行影像检测和癌症相关的血液测试，以及详细的病史采集和物理诊断的固定检查。停止化疗后的 7 个月里，她的状况都出奇的好。

但在一次复诊时，我们在她心脏附近发现了一个肿大的淋巴结。她很担心和焦虑，一点也没有心情再经历一次化疗，仅仅愿意复诊和进行更多的检查。

在这个时候，每个人，包括患者、她的丈夫和两个儿子，都同意我们不需要过度担心，3 个月之后再进行复诊是个合适的决定。

而下一次复诊我们发现她的淋巴结更大了，这个淋巴结极有可能窝藏着癌细胞。在我行医的早期，这种情况我会直接建议进行化疗，不会有太多的讨论。某种程度上，患者会被清楚地告知她要做什么，她的担心会得到理解，但患者几乎总是会遵循医生的建议。在这个案例中，患者就需要接受化疗。

但现在，让我们借助现代医学，通过医患关系的视角，通过共同决定的视角，来审视这一情况。

苏珊很清楚地指出，即使淋巴结内是癌性细胞，她也不希望接受化疗。有了这个前提，其实没有必要让患者面临活检的风险和并发症，因为即使活检的结果确定是癌症，她也不希望进一步治疗。这是异端邪说？不，这是给予患者更多的自主权。

这不是在医生忙了一整天后，或者忙碌的早间门诊接近尾声时要进行的那种讨论。没有一个患者应该被催促而匆忙做决定。医生和患者应该仔细地看过所有的选择，而患者的意愿最终会胜出——这与默默遵循医生意见的做法相去甚远。

家属应该尊重患者的意愿，即使患者做出的决定可能与家属所希望的不同。

在这些让人情绪激动的问题上，可靠的家人可以扮演信息过滤或翻译的角色，重述并澄清医护人员所说的内容。很明显在这种有关癌症的令人情绪激动的交谈中，患者并不一定能接收到所有事实，甚至不记得大部分的谈话内容。有人可以用智能手机将谈话录下来，或者房间里的另一个人可以做笔记。

几乎所有患者都可以在网络上看到与自己的问题相关的内容，他们也可以看到自己的病历并通常会保有病历副本，这些决定因此变得更加复杂。上谷歌搜索引擎也许会有所帮助，然而更经常发生的是会带来严重的误导。许多医疗机构会允许患者获得自己的病历和诊断结果，但我在此提醒，在没有医护人员可以为他们正确解读的时候，患者可能会对他们的诊断结果感到沮丧、紧张和困惑。

赋权于患者，知会家属

随着医学朝着以患者和家属为中心而非以医生为中心的方向发展，大型的医疗机构，包括美国内科医学委员会和隶属于它的非营利基金会发表了以"明智选择"为标题的指导方针。这是一项非常积极全面的教育计划，帮助患者和家属与医护人员合作，以避免不必要或危险的建议。

在涉及亲人的床边照护时，让我来分享患者、家属和医疗工作者应该挑战彼此的5项交流内容。这些话题通常驱动着家庭会议的讨论。

1. 疾病专科医生和安宁照护人员之间可以有合作关系。我们在马萨诸塞州综合医院的同事开展了一项具有里程碑意义的研究，对象是晚期肺癌患者，这些患者接受标准的化疗，再从中随机选出一半的患者让他们同时接受积极的缓和医疗。最终接受化疗并同时接受缓和医疗的患者比其他患者平均多活了大约 3 个月。由此可见，缓和医疗可以为疾病的特定治疗提供有价值的辅助。

2. 作为医生，我们不会积极要求让失智患者使用喂食管，但我们的确注重口腔辅助进食。来自世界各地的医学中心的大量证据清楚地记录了使用这些器材的风险和会引起的并发症，而其短期或长期的好处甚少。我会在其他章节更详细地讨论喂食管，但毫无疑问，不能草率地决定插入喂食管。

3. 如果患者和家属乐意接受针对症状的缓和医疗，那么继续保持患者体内的植入型除颤仪就毫无意义，因为它会继续电击患者，且不会提供太多助益。这个问题要提早讨论，而不是等到凌晨两点患者状况十分危急的时候。

4. 患者和家属应当知道，大量同行评议的研究显示，如果患者因为晚期癌症引发疼痛性骨病变，一次性小剂量的放射治疗，也许与为期 3 周、一周 5 天的传统治疗方案同样有效，当然也更方便。

5. 外用的凝胶和洗剂虽然很吸引人，但对于缓解化疗产生的恶心几乎没有帮助。使用劳拉西泮（阿提凡）、苯海拉明（苯那君）和氟哌啶醇凝胶来缓解恶心已经成为治疗趋势，但这些凝胶并不会比口服药物更加有效。

所以，这些指南和更多资料都明确强调了患者和家属需要参与讨论、需要具备知识、需要与医疗团队合作，以获得合理且最佳的护理，尤其是在患者临终前。

希望一直都在

即使我们已经没有其他治疗可供选择或药物可用，我也总会给出在我口袋里永存的一剂良方——希望。

"希望"有许多的定义，但从医学的角度来说，"希望"是期许状况尽可能地向好的方向发展。我们许多人在多年的经验中学到，"希望"不是一个固定的终点，而是一个移动的目标。让我来解释这是什么意思。

大部分的患者在被诊断出患有某种严重的疾病时，都会很自然地期待和希望能够治愈并恢复到正常的生活机能。

史蒂芬妮发现自己的脉搏跳动太快，虽然整体上感觉良好，但她不想忽视这个问题。她的父亲死于心脏病，而现在，68 岁的她担心自己也有心脏的遗传问题。

她去看了社区医生，医生也注意到她的脉搏过快，但除此之外没有其他问题。心电图显示她的心肌没有受损，但是她的心率在每分钟 110 次左右，而此前她的正常心率为每分钟 80

次。这时候医生适时地为她进行了超声心动图检查，就是将类似麦克风的仪器放在她的胸骨上。结果令人错愕：她的心脏泵血功能只有正常的一半，而为了弥补这个不足，心脏需要加速工作，于是造成了她的脉搏过快。

她的医生将她转诊至心内科医生，结果医生发现史蒂芬妮的心脏受到了不寻常的病毒感染，因此造成心肌无力。当她听到这个消息的时候，她最希望的是有某种治愈方法、药物或干预手段可以解决这个问题。

几个月过去了，很明显并没有一个简单的解决方法，没有治愈的方法，在这个时候，她将她的希望从找到治愈的方法转向以调整自己并适应目前这个状况为目标。当她的呼吸急促和疲惫开始影响她的生活时，她意识到有计划地运用她有限精力的重要性，于是她快速地完成生活琐事，缩短夜晚的社交活动，减少酒精的摄取，更注重休息和沉思冥想的时间。

这段希望之旅的下一阶段是认识到情况正在恶化，是时候整理思绪、查缺补漏，结束那些痛苦的篇章，跨越治愈、和平、宁静与和解的桥梁。

史蒂芬妮很有天赋，她认识到我们在诊断之初时的希望与这段旅程展开后的希望可能大不相同。她跟我分享的"礼物"之一很有意思——心脏的问题只是一个诱因，让她明白她生命的沙漏所剩的时间不多,是时候吞下自己的骄傲,主动联络她的姐妹,修复她们之间曾经紧张而痛苦的关系。

她从来没有放弃希望,她只是重新定义了希望。

第十四章

何时开始和结束药物治疗？

一位从法戈来的慈爱的老奶奶，因为心衰即将离世，她住进了我们的安宁照护中心。她有一系列健康问题，结果都很明确，但有一个状况十分棘手，那就是脱水。给她进行 1 夸脱[①]的静脉输液是很恰当的。虽然有时候这么做会有争议，但对她的状况而言，这么做是正确的。

在静脉输液大约进行了三分之二后，她开始变得越来越虚

---

① quart，美制 1 夸脱约为 0.946 升。——编者注

弱，而且告诉我们不要打扰她，她也对赶到病床边的四个儿子这么说。医学中的一个原则是尊重患者的意愿，要认识到这不只是与我们有关，还关乎患者及其家属。所以我们中断了静脉输液，她安稳地睡着了——这对所有人来说都是一个双赢的状况。

缓和医疗的一个重要层面就是后退一步，对何时开始或结束药物治疗要现实一些。举例来说，一位年轻的相对健康的患者受了巨大的创伤，比如遭遇了车祸或者经历了武装冲突，那么留意治疗细节显然至关重要，尤其是关于药物的剂量和给药时间。

但如果是一位处在临终之际的患者，重心是症状管理和保持患者的舒适感，那么我们需要允许在治疗上保留一些空间。比如，一位濒死的患者接受抗凝血治疗来预防中风，而抽血检查凝血功能在这个时候并不是关键；同样，当一位患者只剩几周寿命的时候，也没有必要循规蹈矩地给他使用他汀类药物来降低血脂，或者让他继续服用维生素或治疗骨质疏松的药物，更不用提经常会导致头晕的降血压药物，等等。

至于是否该给临终患者服用抗抑郁药物，如果患者已经服用了一段时间，那没有问题，但如果是正准备开始使用这些药物，而这些药通常需要 4~6 周才会开始发挥效用，这样做未免有些不切实际。

对于饮食也是如此。怎么会有人想要剥夺一个濒死的患者想吃冰激凌或者其他甜点的愿望，或继续让他维持低脂低盐的饮食呢？这些可能是患者所剩不多的乐趣了。当我在医院的吸烟区看到病重的患者在吸烟时，还是会觉得进退两难。我了解吸烟的成瘾性，而这是他们的选择，我尊重他们的决定。

现在让我们来看看抽血检测和影像的介入。这些从来都不是愉快的体验，谁想要乖乖躺着接受更多的核磁共振影像检查，或被抽血人员抽取更多试管的血？我们需要问问我们自己和患者，为什么要建议患者做这些检查，这些检查的结果会让我们对患者的治疗方案做出有意义的改变吗？如果不会改变临床治疗，那么这些检查可能完全没有必要。

我们也要注意，一旦患者住进安宁病房，联邦医疗保险和大部分的保险公司都不会偿付这些干预的费用，所以患者是否该接受影像检查或其他检测，应该取决于能否有效地达到症状管理的目的，因为这些患者已经决定了治疗方向。

家属当然有一定的权利和患者一起咨询某种药物、操作、影像检查或抽血检测（甚至讨论是否有必要在患者身上安置检测仪器）的优劣、风险和效益，以及患者目前的临终状况是否需要继续当下的治疗。

多数情况下，你会发现缓和医学专科医生会建议停止大部分药物。然而止痛药物不应该中止。即使接受居家安宁照护的患者看起来没有疼痛的问题，我们还是建议患者继续使用，因为止痛药物有其他的助益。

大部分药物的服用时间是每 6~8 个小时服用 1~2 片。而在临终的状况下，药物的目的是保持患者的舒适和安乐感，所以如果服药时间和平常有些不一样，真的没什么大不了。照顾家人的居家照护也需要休息。如果错过了半夜的用药，世界也不会因此停止转动。

总而言之，我们需要明智地做决定——我的意思是，我们需要运用常被忽略的常识，聚焦在针对症状和辅助性的治疗上，同时认识到在处理复杂的医疗问题时需要有弹性。我们的目标是提高患者的舒适程度和生活品质。

第十五章

我们如何缓解疼痛？

那天深夜，他住进我们医院，实际上已快窒息而死。晚期肺癌带来的疼痛正在折磨着他，他的孙辈站在他床边，不知道该怎么办，也不想看到自己的爷爷这么痛苦。他是位农夫，70多岁，依然身体硬朗。之前他生命的每一天都在工作，直到癌症打乱了一切。

这位患者住院的那个晚上，我们医护人员看到这位老人不仅处在疼痛中，他的心理也深受折磨。为他进行小剂量的吗啡静脉注射后,在不到 5 分钟的时间里,我们看到了显著的改善。他很平静,可以呼吸,甚至能安然入睡。在他生命的最后几天,他与家人安详地交谈,而并不害怕自己将窒息而死。

毫无疑问,最令癌症患者恐惧的经历之一(事实上每一位严重的慢性病患者都是如此),就是不论活着还是死去时都在经历疼痛。

这个数字令人心惊:有将近 40% 的患者在走向生命终点的时候都伴随很严重的疼痛。我所描述的疼痛是在疼痛量表上接近 10 的疼痛。

临床医生常常请患者在疼痛量表的 1~10 中标明他们的疼痛指数,10 是他们经历过的最糟糕的疼痛。经历疼痛的患者(至少有三分之二是罹患癌症的患者)都会说疼痛指数在 8 或更高,那是指极度的痛苦,令人震惊。那是一种残忍的、撕裂灵魂的疼痛。如果患者不向我们描述,我们无法通过影像或血液检测测量出他们的疼痛。(对于儿童,则是给他们看一份疼痛表情量表,帮助他们衡量疼痛指数。)

总体来说,即使医学教育在鼓励医护人员处理患者的疼痛上做了许多努力,但作为医护人员的我们在这一问题上依然不够警觉。有将近一半的患者仍然没有获得适当的疼痛管理。

几年前,美国医学会杂志发表了名为"SUPPORT"的一份里程碑式的研究结果。简单地说，这一研究在各大医学中心的加护病房对患者和患者家属进行了调查。总体上看，大部分患者的主要问题是疼痛，并且家属和医疗团队在患者的意愿方面沟通不足。

因此，研究项目组针对疼痛管理的药物使用，以及如何与患者和患者家属就疼痛和症状管理进行明确沟通，制订了细致入微的教学计划。猜猜结果如何？调查结果显示，即使在这个主题上对医护人员进行了集中的培训，但我们在缓解患者临终时的痛苦方面依然做得很差。

身为缓和医疗团队的一员，我们视自己为患者的疼痛管理的发言人。有证据支持，缓和疗法的明显优势是，使用适量的吗啡和相关药物，可以显著地提升患者临终时的生活品质和舒适感。使用吗啡至今依然是标准治疗，尤其在获得认证的专业人员手中它绝对是奇迹般的药物。

让我们来做一个重要的区分。患病过程中的疼痛和"整体疼痛"①是不一样的。后者明显包含精神、存在或心理成分。如果患者的情感、社交或精神问题没有得到认同或解决，那么用上全世界的吗啡也不会给他们带来平静。

---

① "整体疼痛"是英国安宁疗护奠基人桑德斯医生提出的概念，指患者与家属在患者生命末期时所经历的生理、心理、社会和灵性层面的强烈痛苦。——译者注

如果临终患者已经接受了最大剂量的止痛治疗，并且我们已经尽了所有可能来缓解患者呼吸困难、失眠、排便的问题，但患者却依然感到痛苦，那我们就需要考虑精神或道德层面的问题。只有当家属和照护团队怀着开放的心胸来讨论解决方法，这些"灵魂的疾病"才能获得治愈。

我清楚地记得有一位患了胰腺癌晚期的男性患者，我们给他用了最大剂量的止痛药也无济于缓解他的痛苦，后来我们发现，当时正好接近他儿子意外死亡的忌日。当我们听完他的故事，找到他痛苦的源头，才知道那是他灵魂深处的痛苦，是吗啡无法解决的疼痛。我们鼓励他和家人、朋友谈谈那次事件。这样做，的确缓解了他身体上的疼痛。

我们回顾自己的人生经历会发现，当我们经历痛苦的时候，我们关注世界的焦点会变得非常狭窄。我们不会为家庭着想或者计划未来，我们的注意力完全消耗在了牙痛、骨折或者肾结石上。

现在我们需要了解一点解剖知识。在整个脊髓中有许多"中转站"，或者可以说是受体，当吗啡或者相关的止痛药物连在这些受体上时，会明显减轻疼痛。

我们也需要明白，只有详细的病史采集和物理诊断才有可能明确各种不同的疼痛。临床医生、照护团队和患者及患者家属有明确的期待和目标也很重要。在几乎所有的症状中，疼痛即使无法完全被消除，也能有所缓解。

有一个惊人的数据令患者和家属难以理解：一个有能力的医疗工作者能够为90%的癌症患者充分缓解疼痛，让患者的生活变得有意义、专注且富有成效。

一般来说，我们习惯认为脉搏加快、流汗和呼吸频率加快是疼痛的警示，但事实并不一定如此。我们需要对皮肤、软组织、反射和疼痛区域进行仔细的物理诊断。

在某些情况下，相对简单的实验检测，或者像肌电图（EMG）这种更复杂的检查，可能会有帮助，但是在大多数情况下，病史和物理诊断能够提供必要且重要的线索，以帮助进行疼痛管理和缓解治疗。

患者感到疼痛时，不应让他像烈士一样，或者"有男子气概"地去忍受。疼痛是可以减轻的，患者和照护人员需要向医疗团队告知疼痛。

治疗疼痛三步骤

患者及家属需要对疼痛治疗有一个基本的认识：使用治疗疼痛的药物是一个进阶式的过程。临床医生一般都知道世界卫生组织的镇痛阶梯三步骤，如下所示。

1.对于轻微的疼痛，可以让患者先开始使用非麻醉性的药物，比如对乙酰氨基酚（泰诺）或非类固醇类消炎止痛药布洛芬（安舒疼）。

如果第一步无效，我们就进入第二步。

2.第二步通常包含一种鸦片类药物，比如氢可酮。这一步曾经建议使用可待因，但它会造成便秘和恶心等不适，已不再是首选。

如果第二步也不能缓解患者的痛苦，我们便进入第三步。

3.第三步通常包含鸦片类药物，比如吗啡、羟考酮或氢化吗啡酮。要让患者和家属认识到全天定时使用止痛药物的重要性，而不是随意用药（也称作PRN，即需要时即服）。应该详细地指导患者，让他们遵照医嘱用药，大多数情况下是每4~6小时服用一次药物，而且要将水和药物固定放在床边。年长的患者在夜晚会变得很迷糊，让他们起身去拿药就像是设下一个陷阱让他们跌倒；浴室的地板也会带来危险。

如果患者对某种鸦片类药物不适应，比如吗啡，那么就尝试另一种药物，比如氢可酮，这是合理的。临床医生在选择转换药物时有相应的表格可以参考（这些表格被称为止痛药等效表）。

如果可以的话，可以记录用药时间。但在我的经验中，没有人这么做。如果我们知道患者所服用的药物、作用时间以及效果如何，我们就可以恰当地开处方。我们也要写下日期、次数、剂量和疼痛等级。

那药物如何搭配使用呢？我们来讨论一下这部分的内容。止痛辅助药物包括常用的对乙酰氨基药物或非甾体类消炎药物（如第一步中所描述的），有时候会将其加入吗啡方案。一般来说，对乙酰氨基类药物的剂量一天不能超过 2.6 克（2600 毫克），如果是过度饮酒的患者，还需要考虑对乙酰氨基可能会严重损害肝脏。于是我们又回到了之前提起过的一个问题上：临终的爷爷可以喝啤酒吗？坦率地说，你为什么要剥夺他的那份享受呢？在生命的终点，肝损伤已经不再是一个问题。

某些药物有特定的风险和副作用。比如，主要用于治疗成瘾性疾病的美沙酮，在管理癌症患者的疼痛上也有公认的效果。但是，有一个重要的警示：美沙酮可以在血液中存留很多天，只有在谨慎的监控下才可以增加其剂量。

美沙酮和其他药物，比如氟哌啶醇，可能会导致致命性的心脏传导系统问题。有趣的是，葡萄柚汁也会将美沙酮的浓度提升到危险水平（这种果汁也能与其他多种药物发生相同的反应）。

在正常情况下，患者会每4~6小时服用一定剂量的鸦片类药物，例如吗啡。这对于患者及其家属来说其实非常不方便。通常可以在患者服用几天后变得比较舒适时，将速效鸦片类药物换成长效剂型，每12小时服用一次。大部分患者使用短效镇痛的舌下含服滴剂，长效的镇痛药则为吞服的药片（不宜咀嚼，因为会一次释放过多药物成分）。

如果出现"突发性疼痛"，比如在服用药效为12小时的长效镇痛药物后的几小时内发生，我们又该怎么办呢？在这种情况下，医生通常会根据患者的年龄、体重和其他条件建议患者服用速效吗啡，一般是5~10毫克。针对突发性疼痛，要将长效药与短效药组合使用。

在现代医学中，几乎不太需要用到肌肉注射（打针）的止痛药。它很痛苦，效果又难以预测，而且几乎在所有情况下都是不必要的。

大部分癌症患者和家属都知道"疼痛贴片"（一种经皮技术，大概是一张信用卡大小）。这些药物是有效的，贴在皮肤上也很方便。通常情况下，这种贴片需要每72小时更换一次，而且不能裁剪或改造贴片。疼痛贴片要在24小时以后才生效，因此这通常不在急性疼痛的情况下使用。我们一般将贴片贴在胸前或背上，但是，从经验中我们也发现，如果患者有发热的情况，导致贴片成分吸收过快，患者可能会因此出现意识错乱。

同时，对于无法吞咽的患者，也有放在舌下或者颊黏膜的药物，技术已经相当成熟。

我们还有直肠栓剂止痛药物，但是大部分患者通常不会接受。这种方式只对某些临终状况有所帮助，通常不是理想的给药途径。

总而言之，我们能够帮助患者达到相对无痛的状态。

控制止痛药物的副作用

大部分患者及其家属都知道吗啡和止痛药物的副作用，而我们在临床上更需要主动地预先避免这些副作用的发生。

让我们来谈一谈应该注意的一些常见的副作用。

最常见的令人痛苦的副作用之一就是便秘，它明显地侵蚀了许多患者的生活品质。这是可以预见的，而且这一定会发生，因此我们需要积极地治疗它。所以，只要医生建议患者使用氢可酮或吗啡，就必须确保同时也开了软便剂。

如番泻叶或乐可舒这类药物绝对是为治疗便秘而需要服用

的重点药物，服药的同时患者需要摄取大量水分；也要询问患者的排便次数和状况，如果有疑似便秘的状况发生，就需要开始积极地治疗。询问亲人是否排便以及何时排便也许会有些尴尬，但这些是需要向医护人员汇报的重要信息。

就我们所知，使用某些止痛药物会导致高达40%的患者产生恶心和呕吐的症状。所以尤其需要小心这些症状。如果可以的话，可以和医护团队沟通，在开始吗啡治疗的同时给予止吐药物。

另一个常发生的问题是意识混乱和抑郁。对于一个年长的患者来说，他正同时服用多种药物，同时也可能发生心脏、肾脏或肝脏的功能退化，这几乎是可以预见的。通常来说，意识混乱和抑郁反映了多重药物的合并使用，所以照护者必须有一份患者正在服用的药物的详细列表，而且必须警惕患者擅自服用私藏在药柜里的药物。

其实，对于居家照护者来说，收好家中所有的药物是很必要的，包括放在抽屉或柜子里以及厨房台面上和钱包里的非处方药物、维生素或保健品。总之，不要让不明的药物干扰药物的日常管理。

通常，服用多种药物（称为多重用药）的问题是可以预见的，这些问题可以通过注意用药时间来加以改善。这些药物与药物之间的作用,是导致某些患者看起来糊里糊涂的原因。

关于另一个不常见却很让人困扰的副作用,我们在稍早时已经提到过,它叫作肌阵挛,也就是手臂和下肢突然地、频繁地、不可预测地发生肌肉抽搐。这个症状有时候会让患者从睡眠中醒来,有时候患者及家属会担心这是不是癫痫。通常,向患者和家属解释这个现象就可消除他们的恐惧,明白症状背后的原因对患者和家属很有帮助。

许多患者和家属都很害怕服用吗啡会抑制患者的呼吸,但这几乎不会成为致命的问题。随着患者越来越适应药物,这个状况也会随之改善,不需要任何解毒剂。

上瘾怎么办?

在过去,医护人员对于给临终患者增加药片或贴片形式的吗啡、吩坦尼止痛药和其他成瘾性止痛药物的剂量有很多疑虑。但患者又不会去抢劫便利超市来拿到钱买毒品,或者去戒毒中心和冰毒使用者一起戒毒,所以不要太过担心。

临终时就是需要使用我们弹药库中火力最强的药物之时。如果你和一位不太愿意在无痛治疗上采取行动的医生合作,你可以试着小心地说服他。

从定义上来说，对麻醉药品上瘾是指患者在行为上对药物剂量的使用失控，他们对药物产生强迫性的渴求，即使这么做明显有害，比如会造成交通事故或者导致事业或人际关系恶化，但他们还是会继续使用。我的经验是，几乎永远不会——跟着我重复一遍——几乎永远不会在癌症患者身上发生这种事情。

但身体的依赖性又是另一回事了。这是指如果撤掉止痛药物，患者就会出现一些症状，比如恶心、呕吐、腹泻、颤抖（发抖），总体上感觉虚弱，像生了病一样。这些都是戒断症状，就像一个患者突然"戒毒"一样，即我们所指的停用止痛药物。这就是为什么如果患者已经使用止痛药物有一段时间，止痛药物就必须缓慢地逐步减量。

现在，也有一种现象叫假上瘾，指患者会因为疼痛无法得到缓解而寻求药物帮助。这通常是因为医护人员没有足够频繁地给予足够的药物剂量来达到缓解疼痛的效果（举例说明，如果疼痛在上一次给药后的4~6小时内又发生，就说明剂量不够大）。但患者在合理的时间间隔内被给予合理的药物剂量，不会有上瘾的隐患。

将吗啡等鸦片类药物用于止痛，在法律、社会和道德层面明显有极大的争议。人们担心如果患者继续使用吗啡，会加速死亡。我再说一次，这个问题几乎不存在。

让我们来关注一下双效理论原则[①]。它的意思是，吗啡可以用来缓解患者的疼痛，但它的一个可以预期的副作用是可能降低患者的呼吸频率，从而导致患者的死亡。

吗啡是用于缓解患者的疼痛问题，而不是用于加速患者的死亡。死亡是治疗疼痛时无意但完全可以预见的副作用。这是许多宗教思想家、精神领袖和医学伦理家赞同的原则。

法律和伦理界讨论的是吗啡的次要作用。吗啡的首要作用是缓解疼痛，不是加速患者的死亡。没有足够的证据可以证明吗啡或其他鸦片类药物在正确使用的情况下加速了患者的死亡。

顽固性疼痛

这本来就是个日渐复杂的问题，而评估一个虚弱或者精神失常的个体的疼痛程度，则更具有挑战性。一般来说，所有止痛药物在用于年长的患者时，剂量都应该减少，甚至减半。当老人面部出现奇怪的表情、变得易怒或社会活动改变时，表明了患者的疼痛情况，特别是那些无法交谈或说话说不清楚的老人。

[①] double effect，一个哲学理论，指如果行为者想要得到好的结果，而并非把坏的结果当成目的或达到好结果的手段，那么这个行为在道德上是被允许的。——译者注

在明尼苏达州东南部，我们经常接触的北欧患者就不太会表达，他们有极高的疼痛忍受度，我们需要坚持不断地尝试评估他们的疼痛等级。另一方面，有些患者因为文化传统的因素却又过于夸张地表达他们的疼痛，这些因素在评估患者的疼痛程度时都应该被考虑进去。

有的时候，最好的麻醉药物无效或不再起作用，我们称这种状况为顽固性疼痛。这种疼痛不仅对于患者是残忍的，对于病床边的家属更是折磨。

对于预计存活时间为 2~3 个月的患者，毫无疑问，可以考虑使用像脊髓泵和神经阻滞等技术。这些问题可以和疼痛专家——通常是麻醉科医师，来进行讨论。

这些仪器有时候使用起来对于患者或家属并不那么方便，但是不需要否定任何患者接受这些技术治疗的可能性，尤其是当患者的预期存活时间超过 3 个月的时候。

类固醇

对于病重患者，尤其是临终患者来说，一种重要却又经常被低估的药物是皮质类固醇或类固醇。这些药物的名称通常是泼尼松或地塞米松。这些药物不仅用来针对癌症疼痛，也常常能促进患者的食欲，改善他们的情绪并提升舒适感。有时候，这些药物可以降低肿瘤周围的肿胀，缓解患者的症状。

长期使用这些药物会有副作用，如造成"满月脸"，还有可能导致口腔真菌感染、糖尿病和体重增加。然而，对癌症晚期患者合理使用激素，可以带来惊人的助益。

抗抑郁药物

我们也知道抗抑郁药物在缓解患者的疼痛中扮演着重要的角色。如果抑郁看似加重了患者的疼痛感，使用快速生效的抗抑郁药物很重要。但是，正如我前面提到的，抗抑郁药物需要4~6周才生效。这种情况下，可以用上哌甲酯或利他能这类药物，使用一般剂量就能在几天内迅速起效，改善患者的情绪并提升舒适感。

另类疗法

许多患者和家属也提到了用替代和辅助疗法来缓解疼痛。毫无疑问，身心结合疗法、艺术疗法、心理治疗、按摩、音乐和针灸都是合理的治疗方式。使用手机上帮助冥想的应用程序，或通过耳机播放冥想 CD 都可以为患者和家中的照护者带来安慰。

在应对疼痛患者时，一个经常未被充分利用的专业团体是理疗师。轻柔的伸展运动、使用力量训练器和阻力带通常会对患者很有帮助。

关于处理疼痛，我从患者身上学到了什么呢？重要的一课是，疼痛会极大地降低患者的生活品质，并侵蚀患者的人格和行为举止，他们可能会变得要求很多、蛮不讲理，甚至失去理性。如果你恶心、呕吐，睡不着觉，感到绝望，你也会如此。

在缓和疗法的世界里，我目睹了通过用吗啡和激素积极治疗患者的疼痛，加上积极清肠来缓解便秘以及使用药物助眠，仅仅一两天，患者就有奇迹般的转变。我们当然无法治愈患者的晚期疾病，但我们可以使患者在剩下的时间里没有疼痛，而且感觉舒适。

第十六章

我们如何控制其他症状？

疼痛不是医护人员唯一要解决的症状，但这的确是最困难也让患者最虚弱的症状。其他非疼痛症状也让患者和家属深受折磨。当然，看护人员需要积极地向医护人员汇报这些症状，或者打电话给安宁照护的护士接受指导。

让我们来看看一些需要注意的症状。

对窒息和呼吸急促的恐惧

对于患者,尤其是肺癌及头颈部癌症患者而言,最大的恐惧之一就是像溺水一样窒息的感觉。医学上将这种恐惧的主观感受称为呼吸困难,而且这是越接近死亡就越明显的症状之一。

和疼痛很像,呼吸困难是患者反映的一种不适感。它不能通过氧气监测仪或血液检测来测量,所以如果患者说"我呼吸困难",作为医护人员或家属,我们必须要聆听患者所说的话。

在理解患者为什么会呼吸急促这方面,我们有了很大的进步。其中一个主流的治疗方法就是给予非常严谨的吗啡剂量。正如前面提到的,通过静脉注射几毫克的吗啡,或者低剂量的舌下给药,或者利用颊黏膜吸收,对缓解患者的痛苦有很大的帮助。

找出令患者呼吸急促的原因是医疗的基础。如果是因为肺部有积液,可以视情况进行胸腔穿刺抽出积液;如果有肺炎或贫血的迹象,这些问题也能用不同的治疗方式解决。

我要重申我之前分享过的一个观点:我们都看过狗把自己的脸伸到车窗外迎接微风。有趣的是,现在我们知道了脸部区域有神经末梢,当空气吹向这些区域的时候,比如用风扇吹脸，可以让患者明显减少呼吸急促。在患者的床对面放置一个小风扇或一个加湿器是低风险的做法，应该予以考虑。

吸氧往往是个问题。通常氧气是通过面罩或鼻导管给氧的，但是面罩会造成患者说话不清楚，鼻导管也会让患者感觉不舒服，而且摆放位置总有偏差，人们往往把鼻导管放在鼻孔附近，看起来感觉随时会掉下来。

一种测量患者血氧浓度的常见方法是使用指夹式血氧仪。当血氧浓度低于一定数值时，供氧也许会有帮助。然而，许多患者呼吸困难和窒息的感觉似乎和血氧浓度没有关联。总而言之，听患者的。

如果患者呼吸急促，就会发生恶性循环，患者的焦虑会诱发更严重的呼吸急促。苯二氮平类药物（比如赞安诺锭或者烦宁锭）可以降低焦虑感，成为传统的吗啡治疗的重要补充。

同样，呼吸急促的患者常常因为分泌物过多而出现积液现象。用一剂叫作来适泄（呋塞米类）的利尿药，可以帮助患者免于住院。也有可口服和静脉注射的药物，比如格比平（格隆溴铵）注射，有时候有助于减少分泌物的累积及其带来的不适。在耳后贴一剂东莨菪碱有时也会很有帮助。

无法吞咽、害怕呛食

患者的另一苦楚是吞咽困难，患者会很担心被噎住。造成这个困扰的原因可能只是假牙不匹配或其他口腔问题，而压力、紧张、焦虑会加重这个问题。一个简单的解决方法当然就是去掉假牙，看看是否可以缓解症状。

但有其他更糟糕的原因也能够造成吞咽困难，比如神经性疾病，包括肌萎缩性脊髓侧索硬化症（卢伽雷氏症，ALS）。

缓和医疗团队对患者进行彻底的评估以明确治疗目标是很重要的。另外，放射治疗、药物或真菌感染造成的口腔干燥，非常容易解决。给予患者冰块和冰棒，并且注意患者的口腔卫生。这些听起来很简单，却能在很大程度上解决这些口腔问题。

缺乏食欲、体重下降

食物和一日三餐具有深刻的象征意义，与人们的社会生活息息相关。婚礼、受洗、坚信礼、成人礼——即使像生日或纪念日这种每年一次的事件，都跟吃饭有关。所以当患者不能规律进食并且体重下降的时候，这对于家属来说尤其痛苦。一线的照护者常常会感到气馁和不被认可，尤其是当照护者带来了所有患者最喜欢的食物却无济于事的时候。

然而，我们现在知道，许多患者没胃口或消化不良，是由于疾病产生的一些化学因子、多肽、激素等造成的。在很多情况下，强迫患者进食并不能克服这个困难。但是，可以考虑一些其他的可行方案。

如果患者感觉恶心并且根本不想吃东西，像甲氧氯普胺这样的药物可以增进胃肠道功能。

有一些经过同行评议的临床试验显示，一种名为醋酸甲地孕酮的药物能增加患者的体重和食欲，但不一定增加肌肉量。这种药物可以以药片的形式或液体的形式服用，在增加患者的体重上有重要作用，而且副作用相对较少（血栓是其中一个副作用，但不多见）。

为癌症晚期患者提供高热量的营养补剂总是会产生问题。我们直觉地认为，人为地为患者补充水分和养分可以帮助患者更好地撑过化疗，也许因此会有更好的生存率。但事实并不总是如此。有时候，这些介入可能会造成患者体内巨大的化学变化，会带来腹泻和感染的风险，反而会给患者带来更糟糕的结果。

特别是喂食管，我在本书的其他章节介绍过喂食管如何运作。而何时开始使用喂食管（或何时结束）是一个重大的决定。

虽然医学学术上在这个领域意见不一，但是对于一些肌萎缩性脊髓侧索硬化症的患者、食道癌患者、其他梗阻性癌症或急性脑梗的患者而言，患者及其家属对患者的人工营养要仔细考量，要有清楚的认识和期待，要知道这些治疗有时候可能会增加并发症的发生概率，从而加速患者的死亡。

其实并不需要做外婆最爱的馅饼或她最爱的汤给她吃，重要的是，医疗团队中有人能向家属解释患者不吃饭的原因：外婆并不是因为不吃东西而慢慢死去，她是因为快要离世了所以才不吃东西。家属听到这个常常能获得很大的安慰。

对于不吃不喝的人来说，一种安慰措施是在病床边准备冰块，用海绵蘸湿患者的嘴和嘴唇，并在嘴唇上涂润唇膏或凡士林。

失禁

上厕所对于卧病在床或行动不便的人一直是个问题。可以在医疗用品店买到床边用的便桶，患者可以使用失禁垫或穿失禁用的成人纸尿裤。部分患者需要使用导尿管。

无法说话

使用呼吸器的患者无法说话。他们有时候会用手势示人，但是为了避免他们故意或不小心拔出呼吸器，患者的手会被束缚住，即使当患者处在朦胧嗜睡的状态下（指注射吗啡等药物后，无痛的半睡半醒的状态），这种时候患者也可以听见你说话却无法做出相应的回应。

你可以坐在他们身旁，握住他们的手，轻声地说话，告诉他们这是哪里并让他们放心，说你想说的话，理解他们除了紧握你的手作为回应之外，无法回应你。没有使用呼吸器也不说话的患者，也许会对握手有所回应。

疲惫

这不单单是感觉疲劳，也不是睡个午觉就能改善的疲劳。这里讨论的是极度的疲惫——一种压倒性的筋疲力尽、完全失去精力，一种你无法真正描述的疲惫。

这在大部分癌症患者临终时都会出现，可能有很多种原因：贫血、营养不良、抑郁、疼痛，或者单纯因为卧病在床。通过许多研究我们知道，卧床一天，可能需要一到两天的活动才能让患者恢复到之前的体力水平。许多病症晚期的患者显然不会再离开他们的床，但在患者的疾病早期可以仔细考虑理疗师的治疗。

如前文提到的，舒缓的伸展运动，或者运用阻力带和力量训练器进行阻力练习，可以给予很明显的刺激来增加患者的胃口和舒适感。这些运动是否有长期的效益并不明确，但是毫无疑问，理疗师能帮助患者参与到对他们自己的照护中。

恶心和呕吐

患者所能描述的最让人沮丧且无力的症状之一是恶心和呕吐。单从我们的个人经验来看，即使是轻微的恶心都会明显让我们感到虚弱。而我在至少三分之二的癌症患者中都看到过这个症状。

有很多原因都可能导致恶心和呕吐，仔细回顾病史和体检报告，结合适当的影像检查和血液检测是至关重要的。根据经验，有恶心症状的患者在经过细致的病史回顾、物理诊断和正确用药后，接近 80% 都能得到治疗改善。

有三个需要审查的是脑部、消化道和患者的用药情况（比如化疗），这些可能是导致恶心的主要原因。

我提到脑部，是因为颅内压增高会产生恶心和呕吐的反应，尤其是脑部的肿瘤。对某些患者，我们进行头部核磁共振影像的例行检查，会惊讶地发现患者脑中有一个巨大的肿瘤，这解释了为什么这个患者会感到恶心，而除此之外没有其他症状。

我想起了几年前的一个案例，一位患者在去接受化疗的路上经过一个小镇的时候，感到恶心，那个小镇的名字叫汤姆斯维尔镇，而她的化疗护理师的名字就叫汤姆斯，所以当她看到写着小镇名字的路牌时，诱发了她恶心和呕吐的感觉。这个现象提示我们不能忽视情绪的因素。

有一系列的药物可以通过口服、经直肠或经皮下注射给药，所有的肿瘤医生对这些治疗计划都很熟悉。但这些方法只有到了患者用语言表达恶心的程度时才能使用。

肠梗阻

肠梗阻是肠道肿瘤一个令人害怕且具有灾难性后果的并发症。在过去，会用一根鼻胃管，从患者的鼻子通到肠道内抽出液体，有些人还需要动手术。这些手术的恢复过程往往很漫长而且很痛苦，许多患者再也没有恢复到之前的健康状态。

但是，适当地使用多种药物来缓解肠道梗阻，可以避免使用不舒服的鼻胃管或动手术，因此这些药物再次得到关注。我们有一套标准流程来使用吗啡及相关药物，能降低肠道分泌，也有药物来控制胃肠道肌肉收缩。

我们终于达到可以让患者免于手术不适的医疗水平。在某些情况下，不动手术也能极大地缓解肠道梗阻。

谵妄、精神错乱

谵妄的定义是意识的反复波动或改变，这一现象尤其会让患者家属感到不知所措。患者可能表现为过度活跃，伴随着易怒、焦虑和不断运动，也可能表现为活动度减低，有嗜睡、冷漠和孤僻的行为。患者无法集中注意力，他们的行为可能极具破坏性而且毫无条理。

在这种情况下，首先要评估患者的用药，尤其是新加入的药物。我们需要认识到，患者体内的电解质失调或者肝、肾功能障碍，也很可能造成谵妄。

可以使用一些精神科药物，比如氟哌啶醇、利培酮、奥氮平和劳拉西泮。但这里需要非常谨慎地警告大家，在近期由美国安宁照护与缓和医学会赞助支持的专科执照考试的复习课程中，专家承认如果有 100 位患者接受精神科药物治疗，有 7~10 位患者会有所改善，另有 7~10 位患者会因使用这些药物的风险而死亡，而其余患者基本维持现状。

所以，正如医学中的通常状况，无论何种治疗，患者及家属都必须和医护团队全面周到地讨论利弊、风险和可能的助益。

另一方面，与常识相悖，脱水也许才是罪魁祸首，并需要进行评估。脱水可能会严重地削弱患者的精力。许多患者单纯补充水分后就能好转很多。如果患者每天喝的水不足 60 盎司①，可以通过静脉注射补充水分。静脉注射通常用于一次性的短期治疗，不用于临终或长期治疗。

睡眠不足

同样需要注意缺乏睡眠对患者生活品质的破坏，一刻也不能掉以轻心，因为这会对患者和家属都带来极具破坏性的影响。如果患者无法入睡，就必须仔细地检查患者的用药时间。举例说明，当患者在中午或傍晚时服用激素类药物或其他影响睡眠的药物，就会严重地干扰患者的睡眠，这会使第二天变成一场噩梦。

---

① 1 盎司约为 30 毫升。——编者注

通常来说，安眠药对大部分患者都只有短暂的作用，但对癌症晚期患者使用这些药物却是合理的（如果一种药物无效的话，就换成另一种替代药物）。

在一个人的生命终点，当他的家人回顾过往的时候，可能不一定记得技术高超的外科医生或放射科医生，但他们一定记得为患者盖被的护士，或者每天为患者做足部按摩的理疗师。他们会记得将光线调暗、播放轻音乐、静静坐在床边陪伴的家庭成员，带来一盘千层面或者柠檬甜糕的邻居，用海绵帮患者洗浴的安宁病房的护士，以及孙子站在床边用稚嫩的声音说："奶奶，我爱你。"

第十七章

医生如何处理死亡？

一旦有患者死亡，作为医疗团队的我们会提供死亡证明。死亡原因是我们需要填写的项目之一。当然，心脏病是头号死因，紧随其后的就是癌症。其他常见的死因还有慢性阻塞性肺部疾病/肺气肿（主要由吸烟造成）、中风、痴呆症和糖尿病。

但是死亡原因不明的情况也很常见，这包括了隐藏的感染，还有腿部的血栓常常因为扩散到肺部导致死亡。造成死亡的原因可能不是疾病本身，而是疾病的并发症。

在临床上，对于缓和医疗团队的我们来说，关注患者的症状并让他们感到舒适、没有痛苦，要比关注死亡原因更加重要。本章中提到的死因都有它们自己的挑战，让我谈谈其中的一部分。

充血性心脏衰竭

随着对心脏病患者的医疗管理的长足进步，患者的存活时间达到历史新高。根据纽约心脏协会的分级系统，心衰分为四级，其中第一级表现为疲劳、呼吸急促，比平常活动多一些就导致脉搏加速；症状逐级加重到第四级时，即使在休息时也会出现心衰症状。有约80%的住院心衰患者年龄为65岁或以上，让此问题更加棘手。

患者不仅仅会出现呼吸急促和运动能力下降（比如就连上几步台阶都是很大的挑战），而且与一般人相比，他们可能有严重的认知受损和记忆力下降。有趣的是，虽然还没有得到普遍的共识，但研究表明，多达49%的心脏衰竭患者有严重的疼痛问题。

直到几年前，有心脏疾病的患者通常死于心脏电生理紊乱、心律不齐或冠状动脉硬化，但如今，我们看到有许多慢性心脏衰竭的患者。举例来说，慢性心衰患者可能有严重的腿部水肿、呼吸急促和全身严重的疼痛。那是很真实的疼痛感，也是我们治疗心脏疾病患者疼痛的原因。

如今在一些医疗环境中，已经习惯让安宁照护医疗团队密切参与到充血性心脏衰竭患者的治疗中。他们的症状很复杂，而且生活品质明显降低，而呼吸急促是主要的问题，因此，治疗焦虑的药物，例如劳拉西泮和低剂量的苯二氮䓬药物，可以有明显的帮助。

随着疾病的临床进展，这些患者会有持续的液体潴留，并时常伴有呼吸急促。使用非常低剂量的吗啡可以有明显的帮助，而在舌下注射一剂氟哌啶醇可以改善这些患者的焦虑程度。

如前文所述，随着左心室辅助器技术的发展，医学上的治疗管理变得更加复杂。通常将这个机械泵植入一年以后，有85%~90%的患者仍然存活，而且生活品质比植入前更好。

然而，这些高度复杂、高技术的治疗手段，需要家人高度参与配合，他们必须身体健康而且情绪稳定，才能处理这些仪器带来的并发症。

因为科技扮演着延长生命的角色，如何停止延续生命的治疗变得极具挑战，而且经常引起医护人员与患者及家属的激烈

第十七章 医生如何处理死亡？

讨论。皮下除颤仪的使用让拒绝复苏协议的拟定变得更加复杂。因此你需要和你的医护团队讨论，紧急情况时是否不要急救，或者是否要停用这些设备。

人们通常不会事先讨论这些细节，但我认为它们对于患者的自主性是十分重要的。这些皮下植入的除颤仪可能在患者临终前持续地电击患者，而这会极大地阻碍患者的正常机能。患者家属需要明白，除颤仪持续地放电并不能拯救患者的生命，而且一定会增加患者的痛苦。

所以，趁还有时间，我们需要找一个安静的时刻详细全面地讨论如何关闭这个仪器，并且了解患者在这方面的意愿。在一些完善的法律和道德伦理的指南中，明确了在某些情况下，当左心室辅助器已经不再符合患者的照护目标时，用卡片式工具（而非手术）关闭除颤仪是适当之举。

我明白这是非常痛苦的讨论和决定，是需要由患者、患者家属、给予精神支持的团体，以及患者的主治医生一起仔细审核，才能做出的决定。

当仪器关闭时，大部分患者会在大约 20 分钟内死亡，患者家属需要知道这个时间点。通常，安宁照护团队会参与心衰晚期患者的照护，直到他走到生命的终点。但如今人们越来越认识到安宁照护的价值，因此常常在患者的临床病程的早期便邀请安宁照护医疗团队加入，从而在他们之间建立起一定的医患关系。晚期转诊的困难是，一些心脏病患者在安宁照护部门停留的平均时间是 10 天，这根本不够家属处理伤痛和解决患者的需要。

痴呆症

每隔几周我们就会在媒体上看到关于某位明星、运动员或名人与痴呆症作斗争的报道。我们自己也大都认识这样的人，他们原本高品质的生活都因为这个灾难性的疾病而瓦解。数据显示每 72 秒就有人被诊断患有阿兹海默症。

这对我们的社会和医疗照护体系无疑造成了压倒性的冲击。如今我们认识到有许多不同种类的痴呆症，其中阿兹海默症导致的痴呆症占了三分之一。其他类型的痴呆症由中风和其他血管性疾病或相对少见的神经性疾病造成，比如路易体痴呆症。

痴呆症的治疗比其分类更重要。而且，我们只有在病理学家解剖患者大脑时才能对痴呆症的类型进行确诊。

纵观快速变化中的美国社会，年龄显然是痴呆症最大的危险因子。年龄超过 85 岁的人大约有 50% 或多或少都有痴呆症的迹象——这意味着在接下来的数十年，将会有如今纽约市的人口这么多的人患有痴呆症。

痴呆症是缓慢持续的疾病，诊断后可以存活 5~8 年，治疗涵盖了医学、行为、环境和心理层面。

对于部分患者可以考虑使用一些通过美国食品药品监督管理局（FDA）认可的药物。然而，只有 15%~20% 的患者能从多奈哌齐或安理申这类药物中受益（但这些药物会导致恶心、呕吐、腹泻，这些都是不希望在老年患者身上看到的症状）。在患者身上似乎可以看到有一些痴呆症状得到改善，或至少状况有所稳定，也许可以延缓住进疗养院的时间。但仅此而已，疾病并无法治愈，而且正在研发的药物也暂未让人看到希望。

曾经人们都认为，痴呆症不是导致死亡的原因——患者只是带着这种疾病死亡，但这是不正确的。痴呆症会造成饥饿和感染，最后导致死亡。

应对痴呆症患者的其中一大挑战，是评估患者是否符合接受安宁照护的资格。由于疾病的多样性和不可预测的病程，制定普遍性的应对标准一向是充满挑战的，但大部分的安宁照护机构会参考一些指南来考量患者的入住资格。

举例来说，如果患者在没有协助的情况下不能行走、穿衣或洗浴，大小便失禁，而且每天无法说出 6 个以上不同的可以理解的单词，就可能是接受安宁照护的人选。上述评估患者的标准是阿兹海默症功能性评估量表（FAST），为缓和医学界所熟知。我鼓励你在谷歌引擎上进行搜索，看看他们按顺序排列的行为能力等级。另外还有其他一些考量因素，比如体重下降和特定的化验结果。如果未满足以上条件，即使患者需要密切的医疗照护及监护，他们也不符合安置在安宁照护机构的标准。

我们不能忽视这些患者的症状管理，即使他们可能无法告诉我们他们的疼痛。长期住在照护中心的痴呆症患者多达 80% 有疼痛的状况。如果他们不能亲口告诉我们，我们就必须找到提示疼痛的非语言线索，比如患者行为的改变、面部表情或因痛苦而出现的面部扭曲。

多达一半的痴呆症患者会出现躁动，会感到极度无助和恐惧。有许多原因可能会造成躁动，比如疼痛和心理问题、不熟悉的环境、药物，当然还有痴呆症本身。目睹躁动发生的家属则会更加感到恐惧和痛苦。

用餐时间尤其是个挑战，有些患者根本不认得餐具，因此用餐场面可以说十分混乱。有些患者似乎就因此停止吃饭了。我看过患者家属在疗养院安静地喂他们心爱的家人吃饭，让我们不禁提出是否该为痴呆症患者继续提供各种营养这个令人心痛的问题。

随着痴呆症的进展，患者家属不得不面对沉重的伦理问题。其中一个问题是使用喂食管，通常是穿过腹壁置入胃中。我们前面已经讨论过喂食管，现在让我列述一下与痴呆症相关的问题。这些操作程序的致死率很高，而且经常和吸入性肺炎有关，因为会有很多分泌物累积在肺部，造成感染和炎症，而抗生素在治疗这种感染上不一定有效。

我们现在有证据说明，使用喂食管并不能提高生活品质或健康，也没有促进痴呆症患者的伤口愈合。这需要患者家属进行深入的讨论，因为很多状况下患者家属的本能反应就是使用喂食管。

患者家属和社区医生常常会感到无能为力。这种情况通常对各方来说都是最困难的，因此必须和医生进行一次（或多次）全面的讨论。并不适合使用喂食管或用汤匙喂食晚期患者，因为这些喂食延长了死亡的过程（在癌症的情况下，喂食会有效地喂养肿瘤）。

我们建议将患者带回家，让他与家人在一起，安详地、有尊严地死去，或者舒适地躺在疗养院或安宁病房中，在熟悉的物品和家人的陪伴下离世，而不是在重症监护室监测仪刺眼的灯光中去世。

这些是一个家庭需要做出的最痛苦的决定之一。回首过去，大部分家庭都很感激可以得到并遵循来自缓和医疗团队的明智建议，知道他们的所爱之人是在舒适中离世的。

慢性阻塞性肺部疾病

慢性阻塞性肺部疾病（更常用的名称是肺气肿），已经成为一种全球性的流行性疾病，主要由吸烟造成。和痴呆症很像的是，我们很难准确地预测重度慢性阻塞性肺部疾病患者的存活时间或死亡率。

我们知道，比如，对肺功能的检测结合行走能力受限，再加上抑郁、社交孤立和反复住院，可以预测患者在诊断后的 12 个月内有更高的死亡风险。然而，我们很难给出准确的存活时间，对所有患者都是这样。

这些患者可能需要吸氧、使用气管扩张剂和长效抗胆碱类药物；有些患者可能在服用激素，尽管在激素能否带来长期的效益方面仍有争议；还有些患者可能在使用吸入器。

缓和医疗可以在对这些患者的管理中扮演重要角色，尤其是当他们在临终前增加需求时。毫无疑问，我们需要认识到，呼吸急促加剧时会造成患者的焦虑和抑郁。正如本章前面所述，患者害怕窒息。

我们知道，抑郁症不应被忽视，应在适当的情况下得到治疗，因为这种疾病是造成重度慢性阻塞性肺部疾病患者死亡的独立预测因素。因为病程的不可预测性，患者和家属需要反复进出医院和看急诊，因此在某个时间点及时进行家庭会议是至关重要的，这能减少患者临终时的决策延误。

一个重要的问题是，患者是否想要插管或机械通气。同时，要明白患者可能无法撤掉呼吸器，也许会无限期地使用呼吸器。在这个时候，安宁照护团体的介入就十分重要，因为允许患者接受安宁照护治疗的标准包括评估患者逐渐加重的呼吸急促（甚至在休息时）、低血氧浓度以及心力衰竭。我们也会寻找是否有体重下降的征兆。

一旦患者的状况开始恶化，基于这些评判标准，患者家属就应该与医护团队进行深度的讨论，了解患者的意愿和决定是什么。

在本章结束时，让我再次申明，我通篇讲癌症的问题是因为这是我的专长，在此我就不再花时间细说如何处理这些安宁照护的问题。可以这么说，在这些致死率很高的慢性病患者身上，精神问题往往十分突出。认同并解决家庭成员精神上的需求也是很重要的，尤其是主要负责照顾患者的家属。

生活品质和死亡品质是关键所在，还有支持性干预治疗所需的费用，比如使用喂食管、人工心脏、肾透析、呼吸器以及其他先进的技术和仪器。付出并不是用花销或保险费用来衡量的。这些介入治疗并不能治愈疾病，而且也需要家属巨大的精神付出。

第十八章

"不施行心肺复苏"到底意味着什么？

"医生，患者心跳停止。"

"呼叫急救团队，把急救车推过来。"一位非常帅的医生边说边冲进患者的房间。

"清场！"他喊道，同时把电击板放在患者胸口，然后心电监测仪又开始哔哔作响。

"心跳恢复。"

听起来很刺激,对吧?真是这样吗?才不会,那是电视剧里的医生。

在现实生活中,住在养老院里的患者被发现没有意识时,会被迅速推进救护车,一名急救员会给担架上的患者做心肺复苏按压,还可能会压断几根脆弱的肋骨。然后救护车火速抵达急救室,在那里患者的心脏会受到电击,然后会被加上呼吸器和支持肾脏的仪器,如果患者能熬过这次急救,还会有其他可怕的临终经历。

如何才能尽可能地减少这种噩梦的发生?

只有极少数的患者在急救后可以活着离开医院,而其中更是只有极少数的患者能恢复到他们之前的生活状态。所以,即使接受急救,得到不幸结果的可能性也高得惊人。

这种赤裸裸的现实催生了"生命维持治疗医嘱",即POLST文件(患者预立医嘱的简版)。这是一份能增进生命品质的文件,让患者清楚地表明他们对是否施行心肺复苏的意愿:他们可以选择"不施行心肺复苏"加上"舒缓治疗",或者选择"施行心肺复苏"加上"完整治疗"。这份文件将一直伴随着患者,就像我们随身携带的驾照,让这些紧急、困难的医疗决策过程能够真正以患者为中心。养老院和照护之家都会将这些文件放在容易获取的地方(有时候会放在患者的病房门后)。

但是抵达你住处门口的急救人员是不会有时间停下来找一份文件的。如果有人打给911，急救人员会履行职责——施行急救。

出于本文的目的，我来说说心肺复苏。心肺复苏意味着患者会被插管。换句话说，患者会被安上呼吸器，并且心脏会受到电击以恢复正常的心律，这些场景你已经在电视剧里看过无数次。

如果没有你或你的医疗代理人提供的文件，医疗团队将会尽一切所能阻止你的死亡。我们会使用所有必需的药物来重启你的心跳，医疗团队也会在你的喉咙里放入一根管子来帮你呼吸。

在我们进一步讨论之前，请明白急救措施对于遭受重大意外和其他危急状况的患者来说是恰当的，但我在这里讨论的是病入膏肓的临终患者。在生命的终点，急救并不是患者想要采取的行动。自然规律无法抗拒，但不论惊慌失措的家属怎么说，如果患者出现"code"状态（心脏和呼吸功能中断），我们作为医疗团队都会尽力恢复这些功能，完成完整的急救流程。就像篮球场上的全场紧逼、包围防守。

没有急救措施，你很有可能会平静地死去，没有急救人员按压你的胸口、折断你的肋骨，你也不用受电击板电击——你只是自然地死去。

对我来说，这看起来很合理。

请考虑一下，对某个临终的人来说，例如患心脏病或癌症晚期的患者，心肺复苏几乎没有正当性。如果患者被复苏成功，他们无论如何也会死于原发性疾病。这跟某人在车祸中受伤而失去意识，被困在车中或躺在大街上，需要急救人员对其进行心肺复苏并迅速转移到医院，是天差地别的状况。

在后续的章节里，我将讨论预立医嘱，如果你处于医疗的危急状况，这份文件将表明你的个人意愿。我列出了可以下载并填写该文件的网站。（关于预立医嘱的内容详见第二十一和二十二章。）

如果你选择了 DNR 的指令，也就是不施行心肺复苏，这会标示在你的医院病历上、疗养中心的档案中（有时候会放在门上），放在公寓或住所的门后、口袋或文件夹中，甚至写在腕带上。

我的合著者警觉地看到她母亲所在的老年之家的护理站存放了几书架的黑色资料夹。在大部分的资料夹上都清楚地标示了黄色的 D-N-R。

"为什么不是所有的患者都标示 DNR 呢？"她问，却被告知，少数没有标示 DNR 的老人依然希望采取所有措施让他们活下去。他们愿意让急救人员按压胸口并被迅速送到医院，在那里他们会……请记得，我们是医生，不是上帝，所以我们并不完全知晓结果。但是，最有可能的结果是，那些患者无法恢复到原先的生活状态。

是否选择 DNR 要让患者本人亲自做出决定。如果患者无法做决定，他们的医疗代理人就需要事先做决定，而不是等到急救情况发生时。想象一下爷爷突然心跳停止，然而既没有事先决定，家庭成员之间也没有达成共识，那他的床边会是多么混乱的场面。在那个时候，英俊潇洒的医生（在这个案例中就是我）会呼叫急救车和使用电击板。

处于疾病晚期的患者，很明显不需要心肺复苏。直到 20 世纪 80 年代后期，都是由医护人员决定谁可以做心肺复苏。如今做决定的角色已经有了巨大的转变，患者可以要求施行心肺复苏，即使受益的概率有限。

从医学期刊中我们了解到，有不超过 18%（还有一种说法是不超过六分之一）的患者在被施行心肺复苏后还能出院，其中有一部分患者会因为脑部缺血产生严重的脑损伤。

当患者被收入医院时，经常有关于心肺复苏的不太理想的讨论，尤其是在夜晚与精神紧张又筋疲力尽的患者进行讨论。询问通常是这样开始的，护士问："好的，如果你的心脏停止跳动,你希望我们对它进行电击使它恢复跳动吗?你想要我们做心肺复苏吗?"

充分理解这句话又有逻辑思考能力的患者会说:"是的,当然。"但这往往掩饰了真实的状况。如果患者希望着重于舒适性措施和缓和医疗,那么进行心肺复苏便违背了患者的意愿。所以需要和患者有一个详细的讨论,说明心肺复苏与患者陈述的意愿不一致,然后再进行相应的计划调整。总而言之,研究显示几乎没有临终患者在医院进行心肺复苏后,还能够以相对正常的情况离开医院。

第十九章

人之将死,其言也善

有一天,当我在做我们称之为医院服务的、每周轮转进行的最后一次查房时,一位患者问我:"嘿,医生,你不是已经回家了吗?"我作为主治医生,一年会有几周的时间被安排轮流进行所谓的医院服务,和优秀的护士团队、住院医生和进修医生一起负责大约40位患者,他们全都是临终患者。

这位患者的夜间照明灯是开着的,他那骨骼轮廓清晰的头部和颈部,深深地陷进一大堆枕头里。这位身材瘦小、来自密苏里州一个小镇的 90 岁老人，因为肺癌晚期住进医院。他想要聊天，而我愿意倾听。

他从在二战期间服役的故事讲起："你知道吗？我和一群工程师在太平洋的那些岛屿上，我们的营区在那一小块土地上建起了飞机库和供水排水系统。我为之着迷。当然，战争开始的时候我才刚高中毕业。你知道的，我们全都参军了。"

在他一阵阵的咳嗽中，他告诉我他是如何学会建房子的技巧的。他预见到"这该死的战争"结束后，房地产会在城市里迅速发展。他也预见到了婴儿潮。他在那里勾勒出回到美国后的无限商机。

"但我的父亲需要我，因为没有其他男人在他那里工作，而女人们讨厌那份工作，所以他希望我回去和他一起经营他的店铺。我没有选择。"他遗憾地告诉我，描述着他父亲在密苏里州小镇上开的五金行。

"所以你没有去建造桥梁、公路或者废水处理厂？"我问。

"没有，最接近我的梦想的是卖锤子和螺丝。我在那里工作得一直都不开心。"他把这些年来的不幸福归咎于几次失败的婚姻。"但现在说这些都太晚了。"他说。他把目光移开，那些年的悲伤却都写在他的脸上。我知道他在沉思，算着他所剩无多的日子，我悄悄地走出房门。

第十九章 人之将死，其言也善

我始终不知道他有没有向他的孩子或孙子分享过他的遗憾，但我听过许多临终的告白和遗憾。

对于曾与大约 4 万名绝症患者接触过、始终怀着不曾磨灭的好奇心的我来说，能在这些患者临终时倾听他们的故事，是十分吸引我的事。当死亡临近的时候，已经没有什么好隐瞒的了。

我的医生白大褂几乎成了牧师袍，病房成了告解室，而医生和患者的互动则成了一个讲述真相的机会。

这些是我听过的一些床边告解的主题：个人或工作上错失的机会；没有修复的关系；浪费的才华；待在一个施虐的伴侣身边；为了一块金表认真打拼却太晚才发现生命其实还有更多内容；浪费的机会；向忧虑、害怕和恐惧屈服；留在一段不幸福的关系中；疏远了孩子和配偶；因为一个已经不记得的争执而很久没有和父母或兄弟姐妹对话；将孩子送去领养；对死后生命的疑问（尤其是神职人员）；后悔没有补偿的损失（金钱或其他任何东西）；也许从来没有公开过的同性关系，或者另类的生活方式从没得到过认可而感到不被认同；因为家族的秘密、秘密的外遇或者从来没有被揭露过的私密事件而受打击。

这些主题都代表着生命中的"如果"。

有些患者因为没有勇气在他们的投资或商业活动中挑战极

限而感到沮丧，包括那些没有盖起来的购物中心、没有完成的图书馆、从来没能涉猎的政治办公室……这些都会在一个人的生命即将到达终点时带来沉重的心灵负担。有趣的是，他们的焦虑大多和金钱或成功的标志无关，他们在死去时担心的反而是因为他们没有留下什么而很快会被遗忘。

这里引用怀特尔的一句话："在可以说出或写下的令人伤心的文字中，最让人难过的是'或许可以'。"换句话说，"我将永远不知道自己或许可以优秀得多。"许多人后悔他们没有更努力地接受训练，他们没有更努力地学习，他们没有更多地练习，他们在公司或专业领域中被某个不如他们有天赋却比他们更有决心的人超越。

我听到一些后悔的事，关于错过一个特别的生日派对、一场曲棍球比赛、一个孩子的演出、与朋友和家人的聚餐、与家人和朋友相处的机会——全都因为现在看来已经毫无意义的工作会议、出差或工作截止日期。

也有一些悔恨是在同事、朋友或邻居经历了一场痛苦的离婚、一个孩子的去世或经济上受挫的时候没有向他们伸出援手。一位我照护过的、很要好的同事，在她生命的终点，后悔在另一位同事陷入一场不必要的官司、在社会大众的关注下饱受煎熬的时候，没能拿起电话打给他，或给他留一张字条，或者握握他的手。

所以，我曾经听到过的，和我依然在听到的，都是后悔错失和朋友或家人联络的机会，后悔没有给予他们拥抱或握住他们的手。然而，这些微小的动作构成了我们生命中最珍贵的部分。这不是可以用金钱买到的东西，他们的忏悔是尝试为那些生命旅途中的旅伴抚平伤口。

我也经常听到有人被迫按照别人的节奏前进，比如恶劣的老板、施虐的配偶、苛求的家长、喜欢支配他人的兄弟姐妹。当别人在背后操纵时，自己像一个木偶。

另一个同样常见而且总是令人难过的现象是，当一个人即将到达他们事业或专业领域的巅峰时失败了，却只是把失败的原因归咎于教练、经理、中介、老板、授予职权的委员会，或者当下的执政者，而并没有意识到丝毫个人的责任，没有问过自己这样的问题："好吧，这件或那件事情发生了，我在这当中扮演了什么角色呢？"

尽管如此，在最后一刻，大部分的患者和我分享的是，当他们诚实地面对自己的时候，他们发现自己对于成功并没有想象中的专注和热衷，在旷日持久的准备中他们变得倦怠，这才是他们失败的原因——并不是因为其他人的错，也不是因为宇宙中众星排列错误的问题，而仅仅是因为他们不够努力，或者因为他们没有专注于手中的任务。

在床边，作为医疗人员，我是安全的，我是匿名的，而患者感到需要向另一个人卸下他们关于挫折和失败的包袱。我不去评判，我只是倾听。

如何展开床边的对话

为某位即将死去的患者守夜很像电视剧里的情节。各种情绪慢慢展开，发生的故事可能是痛苦的，也可能是让人感到安慰的。患者的远亲可能会突然出现，而且，在大部分的情况下，患者的法律和财务问题总是没有完全解决。所以，在这种可能极其平静的时刻或者极大的灾难降临的时候，家庭成员能做些什么呢？

"在场的力量"有超乎我们想象的影响力。这意味着你只需要出现在患者的床边，不需要多说些什么——即使你觉得自己应该说些什么。我们每个人都有"同情"的基因特性，有基本的本能倾向去做点什么，即使这"做点什么"只是出现在床边。这里我要列出我见过的有用和没用的技巧。

如果患者同意的话，追忆往事是非常有力的连接方式："还记得那次家庭度假时帐篷倒塌了吗？""我会一直记得你每次都开车送我去学校。""有次车在偏僻的地方抛锚了,我们还学会如何修轮胎,那是在哪里?""我很喜欢和孙子们去爱尔兰的那趟旅行。""跟我说说你的童年。""奶奶做的香蕉面包最好吃了。"如果是你,你会说些什么,又怎么开始一段对话呢?

这不是聊破产、离婚、你憎恶的兄弟或者其他任何负面话题的时候,但如果患者将话题带到那个方向,你可以表示尊重地倾听。

有些人与宠物的连接比与他们的家人还多。经过办理适当的医院或养老院的行政手续(大部分的安宁照护机构欢迎家庭宠物),陪伴患者的宠物一般都可以被带到床边。这也许需要家属有些灵活性,如果我们够通情达理,而且宠物是传统的家庭宠物而不是某种没有完全被驯化的生物的话,有宠物的陪伴总是能带来安慰。如果不可行,可以把宠物的照片贴在墙上或床头柜上,这也可以给患者带来平静。

心爱的拉布拉多或约克夏在患者死后会如何安置呢?这是很多身为宠物主人的患者所担心的问题,他们需要有人保证会为宠物找到一个爱它的新家。当地的动物收容所会尤为体谅,专门接收因主人去世而留下的宠物。有许多这样的收容所是为了纪念宠物的主人而成立的。

芳香疗法、精油和按摩可以是一种很好的与患者建立连接的方法，可以用适合的精油按摩患者的手部和脚部，薄荷似乎具有疗愈力。如果肢体接触让你觉得不舒服或看似不合适，握着你所关心的人的手就可以了，你不需要觉得自己有义务做更多。

在没有得到允许的情况下，你不应该坐到床上，你可以拉一把椅子坐在床的旁边。

通常在床边，其中一位家属会变成负责人，主导谈话内容。我们需要认可和倾听那位家属所说的话。

死亡过程会消耗患者的能量，而且让人疲惫，如果这是你要面对的状况，你需要表示尊重并适时离开，要遵从主要照护者的引导，不要待到别人不再欢迎你的时候。

不论是在家还是在疗养院，或者在医院里，家人和朋友所营造出来的气氛比环境更重要。无论是外婆穿着她最喜欢的花朵睡衣，还是爷爷在床边放着他在加拿大钓到大鱼的照片，或者播放安静的音乐，或者每个人轮流坐在床边，这些临终的守候时刻，几乎总被患者和家属牢记在心，难以忘怀。

临终患者的遗言以及背后的原因

"我的朋友史蒂夫将死于肝癌。就在医院的病床上，他在我们的眼前日渐消瘦，医生安排他回家接受安宁照护。我到的时候,他的妻子玛莎正在收拾行李。"我的合著者回忆道。

"玛莎在大厅告诉我史蒂夫的状况,他的病情预后一点也不好。史蒂夫很清楚接下来会发生什么,因为他太虚弱了,他会卧床不起。他在家准备了吗啡,在他去世的几天前会用到。我选择不去他们家拜访他们,那是属于他们的时间,我会打扰到他们,所以我靠在床边,给了他一个紧紧的拥抱。想说的话卡在我的喉咙里,我控制住情绪后说道:'我们很快会再见的,史蒂夫。'

"'对不起。'他说。

"在开车回家的路上,我一直在想那句话是什么意思,他对什么感到抱歉?"

临终的主题之一是道歉。说"对不起"可以有很多种意思:为未能实现个人成就而感到抱歉,为违反道德而感到抱歉,或者为让家人经历这场痛苦而感到抱歉。对于史蒂夫,他可能是为他不能再以朋友的身份留在她身边而感到抱歉。

我在病床边听过很多这样的话:"我搞砸了""假如……""记住我一直很在意""我为错过了做正确事情的机会感到抱歉",等等。

如果说我们可以从这些痛苦的遗言中学到什么,那就是我们都必须找到好好活在当下的方式,让我们不会有"后悔""如果""假如"。

我的同事伊拉·伯约克医生,一位缓和医学专家,在他的著作《四件重要的事:一本关于活着的书》中提到了四句话,启发我们在最后拥抱的时刻该说些什么:"请原谅我""我原谅你""谢谢"以及"我爱你"。这些肯定生命的话语,在生命的终点或在生命中任何一段关系或状况中,都可以带来巨大的修复和滋养能力。

贪婪(谁将继承多少财产)——直白却不简单

我不想假装拥有工商管理硕士学位,或者假装自己是遗产律师,但我们作为医护人员的确有部分的责任,至少要让患者知道遗嘱、信托和财务计划的重要性及其深刻意义。这些在即将去世的人面前上演的剧情,多到超乎你的想象。也许,你也可以想象得到。

我很惊讶很少有患者会事先写好遗嘱,而且极少有人了解遗产规划的微妙之处和细微差别,从而迫使家庭成员通过变卖资产来缴税和负担医疗费用。当然,这会在活着的人中间造成积怨。

当家属聚集在即将去世的男家长或女家长面前时,金钱如若不是公开的问题，就是潜在的问题。如果没有适当的遗嘱、信托和明智的资产规划，孩子们将会为农场、房子、汽车、退休计划、存款、度假房屋、船、分时共有房产、珠宝、硬币收藏、传家宝以及任何有价值的东西争吵。

我遇到这种肥皂剧不止一次。当老人正在病床上越来越虚弱，身上连接着各种现代医疗仪器，只为了拖延不可避免的死亡时，成年的孩子和配偶却在一旁互相争吵。有人握着他的手追忆往事吗？没有，只有在走廊里越来越大声地互相吼叫和怒目相向。

这种时候，我经常走向聚集在床边的家属，对他们说："谁会在老人去世后获得最多的利益？"不可避免地，一群人都转向了大儿子，他将继承农场。如果不是他，就是在过去8年里照顾老先生的女儿。他们都知道遗嘱的内容。亲戚们则排排站，像打仗的军队一样等着决定如何瓜分战利品。

当金钱问题遮蔽了死亡过程的时候，几乎没有足够的神圣时间来鼓励患者（这个时候患者可能已经无法参与决策）解决生命中的未了之事，或弥补错过的机会，或修复破裂的关系。此外，在这种困难的时候，其实无法让患者及其家属明白资产规划和谨慎的法律建议的重要性。

在患者的临终时刻，让财务顾问、会计或遗产律师来到床边，逐一筛查资产规划的难题，这绝非是一个理想的时机。我看到过这种状况发生，尤其是患者有悬而未决的巨额资产、企业或家庭农场时。我也看到过患者家属在走廊上争执，甚至在患者的病房内，为了老太太的钻石戒指、老先生的钓鱼工具、妈妈的古董馅饼盘或爸爸的黄金手表争执。

有些患者并未安排将财务资产有序转出，这可能会导致巨大的灾难，尤其是当患者有第二次或第三次婚姻的时候，继子女和原生子女彼此之间原先就相处得不怎么样，而且每个人都有自己的隐藏动机——更不用说姻亲的潜在动机，每个人都觉得自己有获得患者资产的权利。

一名曾经与我合作过的执证社工茱莉·阿瑟夫，十分有见地。她说，在她安宁照护的经历中，"不幸的是，这些分裂会在患者去世后持续好几年，导致家人之间不再与彼此对话，也不再在困难的时候给予彼此支持。假如人们知道没有事先留下清晰的遗嘱会造成如此深远的影响，就会有更多的人提早在这方面付出努力。"

再次申明，我不是律师或者财务规划者，但我自己的遗嘱是规划有序的，而且我有律师的账单来证明这一点。我常常审查我的安排——我已经看过太多家庭在医院的走廊上结仇，而我不希望这发生在我自己的家庭中。

第二十章

谁来终止这一切？

　　作为医生的我们，会记得一些患者和他们的诊疗经过，就好像是昨天才刚发生的一样。对我来说，接下来的这个案例就是其中一个。苏珊 50 岁出头，尽管曾在全国各地进行过多次评估和住院治疗，但她是一个无法康复的酗酒者。

　　她因为肝脏和肾脏衰竭并发急性呼吸衰竭住进加护病房（ICU）。她被注射了镇静剂，在气管内被插入呼吸管以连接呼吸机；同时她因为肾衰接受透析，也接受多种抗生素治疗，并且还使用其他药物（血压加压剂）来维持血压。

呼吸机是辅助患者呼吸的机器。如果患者无法自主呼吸，呼吸机会每隔一段时间将空气推入患者肺部。如果患者偶尔有一段时间能够自主呼吸，呼吸机会暂停，让患者自行呼吸。

将呼吸管置入气管后，患者将无法讲话，而且为了避免他们自己拔管，他们的手会被固定住。因此，对这些患者都采取了轻微的麻醉措施。

苏珊曾经结过婚，后来离了婚，与一位长期交往的男士住在一起，但他们并没有结婚。

守在她床边的是她的两个兄弟，都已经成年，而我们正在等待苏珊的儿子抵达，他是德州的执法人员，现在正开车赶往明尼苏达州。我们只有几天时间来做生死抉择。患者将要移除呼吸管，因为大约7天后，它会导致构成气管的软骨组织坏死，在那之后就需要将患者的气管切开，但是这个操作会带来各种并发症。

这种情况和其他许多类似的情况一样，大致都会这样发展。在接下来的几天，我们会在床边讨论继续这些侵入性治疗毫无益处。很清楚应该做出决定撤掉苏珊的呼吸机，但没有一个家属会对此感到自在。由于患者未婚，法律上没有先例判定谁可以做这个决定。苏珊没有填写预立医嘱，也没有指定医疗照护代理人替她做决定。

于是我们在私人会议室安排了一场家庭会议，在这当中医疗团队清楚地介绍了自己，我们也了解了围坐在桌边的主要参与者是哪些人。这个过程很复杂，因为我们需要等待她儿子的到来。患者在被插管前的最后意愿是希望她可以拔管（拿出呼吸管），她表达了她对家庭和她的生活方式的遗憾。

一旦取出呼吸管，大部分的患者将在几小时内死去，我们也向家属非常清晰地阐述了这一点。然而，在某些不寻常的状况下，患者会处于植物人的状态拖延几周直到去世。这些都是非常痛苦的决定。这会是一场噩梦，因为大部分家属认为一旦拔管，患者会很快去世，而事实并不总是这样。

我们也很仔细地解释了，将呼吸管移除后，我们无法确定苏珊能否讲话，因为她十分虚弱。令人感到难过的是，我们甚至无法确定她是否能向她的家人表达她生命中的遗憾。

这些讨论会持续好几个小时。我们慢慢铺垫，用家属易于理解的词汇，而非医学词汇，我们讨论了医疗状况，并请家属思考这些选项，几天过后我们再来讨论。

她的儿子从德州赶到了。在许多案例中，如果不是儿子，就是关系疏远、已经有了孩子的女儿，或者是失联多年的兄弟，会这样风尘仆仆地赶来。这个家庭很复杂，我不想在这里透露任何秘密。

患者最后拔管了，她也能够说出自己对家庭的遗憾。虽然当时的情况令人悲痛，但也有许多的拥抱，她也对我们医疗团队所提供的帮助给予了认可。本来可能是一场噩梦，结果，却有了一个开心、和平的结局。

在生命的某个时刻，我们大多数人都会在加护病房或心内科的监护病房（CCU）待上一段时间。很多人在距死亡30天内都会接受这种涉及呼吸机技术介入的积极治疗，接受透析仪器来清理肾脏，并且会使用多种药物来应对感染、心律问题和其他机体功能问题。根据定义，在加护病房，患者经常由不同级别的医疗专家进行治疗——而他们大部分都不太认识患者。

曾经有一段时间，当患者在这样的病房想要做出积极治疗的决定时，患者的社区医生或内科医生，或马库斯·威尔比医生（前面提到的那个电视剧里的医生）经常被召唤到床边，作为翻译人员帮助患者和家属做决定。

但是现在我们正面临美国人口的老龄化风暴，整整一代的流动人口，经常在离家好几英里外的地方生病。他们通常没有自己的社区医生，也不习惯写下他们的遗嘱。通常来说，我们中有90%的人还没有清楚地说明，如果遇到这样复杂的状况，我们希望被如何对待。

美国胸腔学会国际会议的专家们最近的一项研究给出了惊人的数据。随着患者所在加护病房的不同，撤掉生命维持系统、中断辅助措施的频率也不同，它们之间的数据最高可以相差 6 倍。在一些病房，大约有 3% 的患者所使用的不恰当的生命维持系统会被撤除；而在美国其他地方的加护病房，这个比例可能高达 21%。

换句话说，维持生命的治疗是否被撤除，取决于患者所在的重症监护病房。如果患者没有能力表达他们的意愿，在某些州，这会由医疗团队来做决定，而非患者。因此如果没有指定的医疗照护代理人，你的命运是不确定的。

所以，这给我们所有人上了重要一课：在入院的过程中，患者需要向伴侣或者其他家人清楚地表达自己的意愿，尤其要向照护团队表达自己的意愿，以决定治疗的积极程度。如果你当时因为太虚弱而无法为自己发声（很多人都是如此），我们希望你的配偶或你的嫂嫂或女儿能带来你的预立医嘱的复印件。

加护病房的文化，可以说是积极治疗的主要驱动力。在一些医学中心，有一些"不计一切代价的骑士"，拥有近乎运动竞赛和军事的精神，无所不用其极地维持患者的生命——即使这么做并不合理，即使患者没有合理的康复的可能性。这种状况在经历严重创伤比如摩托车意外事故、枪伤或头部创伤的年轻患者中尤其如此。

因此，在这些情况中，患者也许会维持一种持续的植物人状态，没有任何生存的可能性或没有任何益处。

另一方面，有一些重症监护室不会采取如此积极的治疗方式，更愿意去除技术性的介入，承认状况的不可逆性。

请注意，在任何一种状况中，患者和家属的意愿都一定会得到认可，但治疗的积极性似乎更主要取决于医院现有的文化或者该加护病房的历史背景。

那么，问题就变成了，家属要如何知道加护病房的想法？简单的答案是，他们无法知道。患者和家属可能完全不了解照护上的细微差别。如果是在以宗教信仰为导向的医院里（从历史的角度来说，所有医院都来自某种宗教传统），根据那所医院的文化，你也许会发现有些医院对于生命的哲学理念是不计一切代价地维持生命。如今的医院更加世俗化、更偏重于医疗费的收益。你觉得这是道听途说？但这的确是需要考虑的，甚至必须与医院的行政人员共同沟通。

富兰克是一位70岁出头的患者，他热衷于户外活动。富兰克的心脏有主动脉瓣返流，一名资深的外科医生为他进行了换瓣手术。手术完美无缺，术后照护状态良好。但是，他没有从麻醉中苏醒过来。脑部的影像显示他的大脑因为一系列的中风而受创,这是无法预见的。

富兰克的第二任妻子守在床边。她的年龄大约是患者的一半,和患者第一任妻子的女儿年龄相仿。你可以想象,当时的情况很不稳定。

我们与手术团队一起,复印了一份患者的手术记录,和家属仔细地复盘了当时手术的状况,并解释不可预见的情况很明显已经发生了。

通常的状况是询问家属:"如果你父亲可以清醒,如果富兰克可以回到他一个月前的状态,他会告诉我们什么?"这么问几乎总是可以减轻家属的罪恶感,在大多数情况下,患者会被撤下生命维持系统并在几小时内去世。

在另一个案例中,来自一个小社区的一名著名的银行家汤姆,骑着哈雷机车在偏僻的公路上发生翻车事故,导致四肢瘫痪。他是个健壮的年轻人,可以在人工环境中存活好几年。我们私下有一次讨论,并在床边询问他的家人,他的意愿会是什么。他当时不能说话,也没有意识,一切依赖着生命维持系统。

我们达成了共识,停止了所有的生命维持系统。几天后他去世了,而家属也感到很平静。

现在让我们回到有关上帝的问题。医生不应该扮演上帝的角色，我们并不知道患者可以存活多久。信不信由你，只有极少的科学参考体系可以预测患者短期或长期的存活时间。当然，我们在临床上会测量许多数据作为判断依据，比如某些化学物质的血液浓度、物理诊断或神经学诊断的结果，或者呼吸研究和脑波测试的结果。

在现实生活中，当讲到死亡的话题时，这些参数就只是粗略的指标，并不能提供一个准确的数字表示患者存活的概率。因此，患者及其家属需要了解，要通过会谈讨论积极医疗对于患者的状况来说是否合理，这是非常重要的。

我们每个人都应该指定一名代理人或代表，当我们不能亲自表达自己的意愿时，这个人可以代替我们表达意愿。这是律师或医疗照护代理人（代表你采取行动的人）在医疗照护中拥有的权力。这与预立医嘱不同，但在它的范围之内发生作用，因为医疗照护代理人会确保执行患者的意愿。

当然，有文字记录的文件是很重要的，但和代理人进行彻底的讨论同等重要，由此能让代理人清楚地理解你的意愿，在你无法为自己发声的时候做出与之相符的决定。如果你的父母某天晚上在看医疗电视剧时，你的母亲对你的父亲说："我不希望那样活着。你要答应我，到那个时候把我的呼吸管拔掉。"这并不具有约束力。

让我来解释一下在这个过程中哪里会出错。几年前,一名著名的运动员在一场严重的车祸中脑部受到重创。他从来没有讨论过临终时的意愿,自己又有复杂的家庭状况,结果很多人要表达自己的意见,包括一位生意经理人、一位与名人长期居住在一起但不具合法关系的伴侣,以及已经和这位名人离婚的前任伴侣。

在社区医疗团队和家属讨论临终问题时,因为这些复杂的法律问题和家庭纠葛,谁也不清楚谁是决策者。有关维持生命治疗的决定变得冗长,导致很多争议,并且信息变得公开。毫无疑问,这给所有相关人员都增加了痛苦。将我们自己的意愿表达清楚,是我们该为自己和家人所做的事,并且应该定期回顾并更新,以反映不断改变的生命状况和人际关系。

决策时刻

一旦决定停止仪器的支持和介入("拔掉插头"),接下来会有一系列事情发生。首先,我们会去除对疼痛管理等不重要的药物;接着,我们会逐步减少如静脉输液和肾脏透析的治疗;最后,停止呼吸机。在某些案例中,当呼吸管被从气管中取出后,患者可能在几分钟内去世。也有些患者可能会在这些程序完成后存活数天。我们也不知道如何预测。

如果患者是清醒而有意识的，医疗团队明白患者在这时候会经历的焦虑，这是一个按小时计数的过程。我们会明确当停止呼吸机的时候，谁需要守在床边。

第二十一章

如何解决临终决策上的道德困境？预立医嘱和医疗代理人的角色

弗恩患有非常严重的肺癌。在他 72 岁的时候，他发现自己需要呼吸机以及好几种阿片类的止痛药，而且如预期一般，他呼吸急促。他已经清楚地和妻子以及医院里的社工表达过，他希望能继续使用人工呼吸机以及做肾透析。

在这种情况持续 7 天之后，即使他因为使用呼吸机而不能说话，他仍然意识清醒，并且通过他的眼神和手势，表明他想停掉透析器并把他的呼吸管拔除。如果这样做，他就算不在几分钟内死去，也会在几小时内死去。

几乎在所有接受缓和医疗的患者身上，都会反映出严肃的伦理、法律和道德的议题，特别是当患者已经失能的时候。如同先前解释过的，一个人在医学上具有决策能力，是指这个人尚有认知功能，能分辨一个决定的优劣以及利弊。这和法律意义上的行为能力不同。如果一个患者意识混乱，或者出现幻觉，我们无法期待他做出清楚的决定。

医学的基石之一是自主权，指的是尊重患者的意愿。但是，我们的挣扎点在于如何判断患者是否确实具有自主能力，因为他正在使用多种药物。在这种情况下，弗恩真的具有自主能力吗？

经过和弗恩以及做决定的家属进行了一番详细的、深度的甚至认真到让人难受的讨论后，他同意继续维持现有的治疗方案。几天后，弗恩安全地脱离了呼吸机，并且情况还算稳定，直到他由于癌症晚期离世。

预立医嘱

预立医嘱实际上是一份包含两个部分的法律文件。第一部分会指明患者的医疗代理人，或者当患者由于疾病的缘故无法为自己争取权益时的指定代理人。一般来说，这个人不是医护人员，而是了解患者情况的患者配偶、伴侣、朋友、知己或年满18岁的家人。这个人能够在患者需要的时候为患者做出困难但重要的决定。

配偶可以成为患者的法定代理人，但这不是一定的。有些人会指定一位已经成年的做护士的儿女，或儿子、女儿、同居伴侣或有血缘关系的亲兄弟，他们可能是医疗保健专业人员，也可能不是。

文件中第二个同样重要的部分，是清楚地罗列在任何医疗行为都不能为病情带来多少改善时，患者想要何种程度的积极治疗。在这种情况下，法定代理人能够在患者没有办法清楚地表达自己的意愿时代表患者发言。

也就是说，如果你身处某种危急情况，在呼吸机、鼻胃管或透析治疗都不可能带来好处的情况下，你是否希望停止这些延续生命的治疗？如果弗恩有这样一份文件，他的情况会如何发展呢？

人们对于这份文件的构成有很多困惑，但每个医疗机构都有这样的文件模版，而且这些文件的遣词用字很容易理解，并不复杂。

你并不需要一位律师来指导你执行这份文件。一般来说，患者将填写这份文件，并且要有两位见证人，其中一位可能是医护人员，例如医生或者护士。这两位见证人要确认是患者本人签署了这份文件。

另一个选择是将这份文件公证，这很容易做到，因为每个医疗机构都有公证服务。理想的情况下，这份文件能在患者病入膏肓之前妥善完成。我们清楚地知道自己无法预知未来，但是为了让家庭安宁，有一份能够妥善执行的预立医嘱文件，以及一位指定的医疗代理人，是非常重要的。

但是，生命并非总是这么单纯，问题总会出现。美国各州对预立医嘱都有自己的一套规定，如果你在好几个州居住，这对你来说就很重要，因为你必须符合当地的政策以及规定，确保自己的预立医嘱是更新过的并且是有效的，不论你是在佛罗里达州过冬还是夏天去明尼亚波利斯划船。

以我自己为例，我的妻子和我每年都会审阅我们的预立医嘱。我们提出如果医学判断清楚表明，在当时的情况下已没有可能出现医疗上的好转，我们不希望继续使用维持生命的仪器，但我们希望在确保生活品质以及舒适感方面"全力以赴"。

这些文件一般来说应该和我们的医疗记录放在一起并且由本人随身携带，特别是当我们在外旅行的时候，这样别人就能在我们突发危及生命的事件时了解我们的意愿。有些人会把这些文件扫描成图片文档，存在自己的智能手机里或存在云端，

第二十一章　如何解决临终决策上的道德困境？预立医嘱和医疗代理人的角色

方便随时阅览。

我们的一位患者哈罗德装有一颗人工心脏。他从一开始情况就不乐观。他因为严重的血液感染而住院，需要肾脏透析治疗，也需要维持血压以及脉搏的药物。这样的情况持续了几周，他已没有任何恢复的可能。他昏迷不醒，没有办法参与任何医疗决策。

他的家人非常照顾他，每天都在床边守夜，坚持必须继续所有可以维持生命的方法。尽管开过好几次家庭会议，并有许多其他人表达意见，包括牧师在内，但家属就是不愿意放弃，因此患者就这样活了几个月。当没法了解哈罗德真正想要什么的时候，就必须由他的家人为他做决定。平心而论，这不是我会为自己做出的选择。

哈罗德是一个极端的例子，说明缓和医疗团队所面临的挑战。如果没有事先的意见或指导，患者家属将无法处理照护的复杂性。在很多机构中，我们医疗团队只能够在一片混乱中帮助患者及家属理清问题，提出一些意见。

在几乎所有的缓和医疗问诊中，我们认为对于无法表达自己意愿的患者，例如患颅脑外伤、中风或其他像哈罗德一样的患者而言，有一个决策制度是非常重要的。

如果患者没有指定一位医疗代理人，那么一位亲密的家人或朋友可以站出来为患者发声。如果没有这样的人，也可以是一个没有亲属关系的人，此人由于各种可能的原因，能被家属认可，也认为自己有这样的能力及地位可以为患者表达意见。

在某些情况下，也可以由法院指定一位代理人，但这是一个冗长且费时的过程，通常有比这更好的方法。

有另外一个棘手的情况，就是患者由于先天性的问题或其他疾病导致先天失能，而这些患者通常有强势而有力的保护者来保障他们的权利。这些保护者通常是心理卫生和社工专业人员。在某些情况下，社工可以联系一位无家可归的患者的亲属，来了解患者自身的期望是什么。这个人会被问起患者本人有没有和他提过这样的情况，但这些通常总是难解之题。

如果患者本人能够在医疗危机风暴席卷所有人之前，给出深思熟虑的书面指引，生死问题是不是就不会这么沉重？

在本书的最后，我提供了一些网站链接，在那里你能够下载并且阅读这些重要文件。我鼓励你这么做，现在正是时候。

患者的权利和照护者的责任

在临终时或患上重大疾病时，几乎所有人都会遇到道德、伦理以及神学概念的问题。患者和家属需要对这些议题有所了解，否则会产生很大的误解。

患者和家属能从缓和医疗团队那里了解到以下这些核心价值：

- 减轻痛苦而不是延长生命；
- 建立支持、照顾患者的环境，而不是单纯治疗疾病，例如充血性心衰或肺气肿；
- 关注和尊重患者及其家属的价值观和文化需求，而不是把医护团队的价值观强加给他们；
- 辨识、接纳并且处理患者和家属有关个人存在和精神信仰的问题，而不是把医护团队的想法强加给他们；
- 建立一种治疗伙伴关系及协作关系，而不是由医护人员向患者单方面发号施令的独裁关系。

这里有一个关于治疗过程的问题。我们医疗团队理解患者是具有权利和责任的，但是他们没有权利要求进行医疗团队认为无益的治疗。例如，外科医生可能会拒绝为患者动刀，或者即使患者强烈要求，肿瘤科医生也不会认可或支持某种治疗方案，这些情况都是常见的。让我来举例说明。

希维娅是一位年迈体弱的 77 岁寡妇，她是乳腺癌晚期患者。她已经做了三种标准化疗，身体非常虚弱。她有超过一半的时间都卧床不起，并且她的体重在过去的6个月里已经下降了将近10%。

希维娅和她的女儿都坚持要做第四轮化疗。但是医疗团队解释说，没有任何有力的证据说明这样的治疗是有益处的，因此拒绝了患者的请求，并提供了另外一个医疗方案。因此，在非常特殊的情况下，医疗团队可以适当地拒绝患者的治疗要求。

现在我们讨论一下"无效医疗"。无效医疗在医学上很难被界定，但是，就像艺术和体育活动，我们一见到就明白了。

一个被广泛接受的概念是，如果某种治疗方法在过去的100个病例中没有带来任何好处，这种治疗几乎不可能对第101个患者有效。在这些与患者和家属的痛苦往来中，我们需要彼此非常坦诚地讨论治疗会带来的益处及负担。

医疗团队时常被牵扯进这样的讨论：患者的孙子在网络上看到一种有希望的治疗方法；或者听说某个遥远的医疗中心在第一阶段的研究中针对类似情况进行了临床试验；或者有一位好心的邻居或同事提到一种与患者的疾病风马牛不相及的疗法。这些都会让我们跌入无效医疗的坑洞。

55岁的富兰克林体态肥胖，患有高血压和糖尿病。他的病情由于充血性心衰快速加重。他几乎说不出一句话，需要协助才能下床，没人帮忙也不能走路。

在这种绝望的情况下,他的家人要求进行心脏移植。他适合做心脏移植吗?新的心脏能帮助他吗?我们妥善地和家属讨论,在身体状况不好的情况下进行心脏移植的风险很高。在我们怀着同理心、详细周到地进行了这些讨论之后,患者及家属就决定不做移植了。

以患者的需要为第一要务

梅奥诊所的核心价值观是:"唯一要考虑的需要是患者的需要。"

也就是说,患者的需要必须被放在第一位来考虑。这是查尔斯·梅奥医生在20世纪初在拉什医学院的毕业典礼上说的。这个观念深植于梅奥诊所从刚入职的员工到领导阶层的每一位医护人员的灵魂深处。

现在,当我们面对病况危急的患者时,如果他能够说出自己的意愿,决策过程便会直截了当。患者的意愿必须被尊重和理解,即使这些意愿和患者家属的意愿有所冲突。我曾经在家庭会议中讨论过这些冲突。但是如果患者没有办法亲自表达自己的意愿,议题便会变得非常复杂。

如果患者没有办法表达自己的意愿,那么一个重要且很有用的技巧就是问一个我之前问过很多次的问题："如果爸爸或妈妈还醒着或者可以脱离呼吸机，或者如果他/她有15分钟的清醒时间，你觉得根据你对患者的了解，他/她会有什么想和我们分享？"

这样的问题帮助医疗团队及家属聚焦在患者的意愿上。我们常听到的是"爸爸曾经热衷于打猎"或"妈妈喜欢园艺也喜欢照顾孙子"，然后我们会听到他们说，如果这些对患者来说已经无法实现，他们就不会想继续使用插管或其他人工设备来维持生命了。

因此，通过详细讨论患者的意愿，从患者之前的生活方式及选择出发，这些决定就会变得比较直接。这通常不是没有痛苦和对抗，但这个技巧常常在没有预立医嘱的情况下帮助家属更清楚地做出符合患者愿望的决定。

医疗代理人的责任和担忧

在理想的情况下（虽然这几乎不会发生），患者在不能为自己发声的时候，能够有书面的预立医嘱指明医疗代理人或代理决策者，并规定患者所要求的积极治疗方式。

但是，真实情况往往充满戏剧性，非常复杂。医疗代理人

第二十一章 如何解决临终决策上的道德困境？预立医嘱和医疗代理人的角色

在某些情况下，可以不遵照预立医嘱行事。请容我解释，预立医嘱常常说明如果在治愈率非常低时，患者不希望被插管或者进行肾脏透析治疗。这个听起来非常清晰，但请让我呈现一个很常见的情景：患者有预立医嘱，但是突然遭遇车祸或严重创伤，而插管和肾脏透析能够为患者提供恢复的机会。如果这时候医疗代理人完全遵照患者的预立医嘱行事，他就不会让患者进行插管以及进行肾脏透析治疗。然而，如果小心地讨论是否可以改变患者的预立遗嘱，医疗代理人在这种情况下就能为患者的最佳利益发声，因为插管以及肾脏透析治疗能够给患者提供恢复健康的机会。

也就是说，医疗代理人可以使用"替代决策"来为患者做决定，为患者的最佳利益行事。

我们再说一个代理人难以遵行患者的预立医嘱的例子。试想一对夫妻已经结婚超过 50 年，各自为彼此的医疗代理人。丈夫发生了中风，他被插管，并且留在重症监护室受苦。医生说他的脑出血已蔓延超过半个大脑，已经没有了重要的脑部活动。这时候，妻子真的能够放弃自己的丈夫吗？

茱蒂是一位护士，她的丈夫就是前面描述的这位患者。她告诉我："身为一名退休护士，我知道我的丈夫正在面临一连串的医疗问题，而且他的肾脏已经衰竭，他还有糖尿病。肾脏科医生说可以开始透析治疗。此时，我的大脑分成了两个部分——一边是护士，另一边是妻子。我知道从医学上来说，我的丈夫所重视的生活品质已经完全消失了，从这个角度做决定很容易。但身为妻子，我的心仍然渴望能再一次抓住他，不愿意和他说再见。我的一位朋友事后跟我说，我送了他一份宝贵的礼物。"

这些就是生活中的真实情况，而你在签署预立医嘱的时候从来不会考虑这些，那种"如果……你会……"的假设会干扰到决定。在这种情况下，妻子或许会询问自己已经成年的孩子"爸爸想要什么"，然后家庭会议便成为一个重要的决策过程来解决这种痛苦的两难问题。

另外一个选择是，每隔几年就重新审视一下预立医嘱以及医疗代理人，设想如果出现这样的情况该怎么办。或许更换一位医疗代理人，换成一个成年的孩子，父母会觉得这样能做出不那么情绪化但是同样重要的决定。每个家庭都不尽相同。

有些人会指定两个人来担任自己的医疗代理人。我不确定这是不是最好的方法，因为如果他们意见不统一，这份预立医嘱文件便会失去作用。重点是要注意遣词用字的方法，例如"同时"代表两人必须一起同意，而"或"代表他们能单独决定。

对我来说，至少应该和家人在餐桌旁进行一次开诚布公的讨论，那里才是世界上最利于解决问题的地方。为医疗代理人对达成共识的预立医嘱进行备份，确保代理人知道他已经被指定，并拥有该文件的副本。

第二十二章

了解预立医嘱

假设你现在坐在律师办公室里,有一份打印出来的文件放在你面前,你即将要决定你希望在人生的最后得到些什么,然后有两位见证人和一位公证人会对文件进行公证。

要做这样的决定,这是最好的环境吗?我并不这么认为。

我的建议是,先从州政府取得一份空白的预立医嘱文件样本(在本书的最后可以找到下载这些文件的地方)。好好阅读这份文件,并且记好笔记,和配偶、伴侣或者朋友讨论你的愿望，还要与你选定的医疗代理人或授权人进行讨论。

给自己一点时间来思考自己想要什么。就像我常打的比方：如果你因为酒驾而被逮捕，你没有时间在网络上找律师。

在反复阅读这份文件后，思考自己的意愿是什么，并且和相关人士进行必要的对话，把这份文件填好，找到合适的见证人和公证人来证明你的签名。把这份文件进行备份，给你的医疗代理人，也给你的医生进行医疗档案存档，你自己也要随身携带一份。我们也鼓励一些老人把一份复印件装在信封里，置于住宅大门的背后（这原本是为急救人员准备的，但他们大概不会去读，只会尽全力抢救你）。

从南达科他州和明尼苏达州到得克萨斯州，从加利福尼亚州到纽约州，这样的预立医嘱有许多形式，并且会列出不同的问题，但是有一些问题是普遍存在的。

我在这里把这些普遍问题列出来，并且讨论一下患者往往是怎样回答的，而家属以及医疗授权人或代理人应该如何解读这些答案，我们医疗团队又会如何理解这些答案。

有一些州会问你类似下列的问题：

- 如果我有恢复的机会，但是我暂时没有办法做出决定或为自己发声，我会希望：（在此写明你的希望）；
- 如果我即将死亡，并且我没有办法做出决定或为自己发声，我会希望：（在此写明你的希望）；
- 如果我已经永久昏迷不醒，并且我没有办法做出决定或为自己发声，我会希望：（在此写明你的希望）；
- 如果我完全依赖他人来照顾我，并且我没有办法做出决定或为自己发声，我会希望：（在此写明你的希望）；
- 在任何情况下，我的医生会尝试让我觉得舒服并且减少我的痛苦，这是我对疼痛管理的想法，即使这样做会影响我的病情或缩短我的生命。

其他问题需要你回答"是"或"否"：

- **选择不延续生命。**如果（1）我有不治之症或者无法恢复健康，以至于最终我会很快过世；（2）我失去意识，并且从医学上推断我无法醒来；（3）治疗可能带来的风险或负担会超过预期的益处，我不愿意我的生命继续延续下去。

或者

- **选择延续生命。**我希望我的生命能在可接受的医疗标准内尽可能地延长。

如先前所提到的，你可能会被问到是否施行缓解疼痛的措施，即使这会加速死亡。

有一些表格会给你多种选择，让你写下自己的意愿。你可以决定填写表格的详细程度。你可以说：
- 如果我将很快死亡，我选择不延续生命。如果维持生命的设备已经启用，把它们停掉，但是要让我保持舒服并且控制我的疼痛。

或者
- 即使我将很快死去，我也选择延续生命。

或者
- 我不选择上面任何一项，如果我病入膏肓并且将很快死去，我有如下要求：（在此明确你的要求）。

你可能会被问到是否允许通过鼻胃管或静脉注射给予人工营养和水分支持：
- 如果我将很快死亡，我不需要人工营养和水分支持。如果已经开始施行，请立刻停止。

或者
- 即使我将很快死去，我也要求给予人工营养和水分支持。

如果在你的医生的判断下,你患了不治之症,即使按照现有的医疗标准提供维持生命的治疗,你也将在 6 个月内死去,你会选择:

- 我要求停止所有的治疗,除了那些能让我感到舒适的治疗,并且我的医生同意让我比较平缓地过世。

或者

- 我要求无论如何都要尽可能地使用维持生命的治疗,让我活下去。

如果在你的医生的判断下,你的病情无法逆转,以至于你没有办法照顾自己或为自己做决定,并且按照现有的医疗标准,如果没有进行维持生命的治疗,你就会死去,你会选择:

- 我要求停止所有的治疗,除了那些能让我感到舒适的治疗,并且我的医生同意让我平缓地过世。

或者

- 我要求在这种不可逆转的情况下,也要尽可能地使用所有可能的维持生命的治疗,让我活下去。

第一个选项(选择不维持生命)是理想的情况,但是几乎不会发生。文件中的用词有些模棱两可,大部分家属都不太清楚患者真正的意愿。然而，如果第一个选项使用像"没有任何合理的恢复的可能"这种表述，那患者的意思便很清楚，所有人都能安心。

我举一个真实的例子。几年前我照顾过一名有名的棒球选手，他在春训时突然发生心肌梗死。因为和明尼苏达州相关，于是他被送到明尼苏达州，由我为他治疗。他的妻子非常伤心地陪在床边，还有他的三个成年的孩子，他们在棒球界也很有名。当他们被问及患者的意愿时，没有人能给出清楚的答案。这个家庭陷入了极为悲痛的境况。

第二天，他们却完全不同了。患者的妻子在一个保险柜里找到了一份患者亲手写下的预立医嘱，表明如果病情没有办法好转，患者不想要任何干预措施。因此治疗手段便不再升级，所有人都因为这个决定松了口气。

在某些情况下，人工干预手段无法带来任何好处，也由于其会带来的并发症而无法维持患者的生命。如前所述，"无效医疗"这个词如今不再使用，因为它难以定义。如果家属仍希望继续维持治疗，可能就有必要进行伦理的讨论或由法院强制做出决定，但这是极少数的案例。

试着考虑一下那些会被你留在身后的人，以及他们在病床边做决定时的痛苦，然后立下预立医嘱吧。

第二十三章

谁会来到病床边？

我之前提过法兰克医生，他是 20 世纪 50~60 年代在我们纽约市郊的社区里受人爱戴的家庭医生。他会带着他那个破破烂烂的医生公文包去患者家里看病，包里装着几种仪器，例如听诊器和叩诊锤。

只要他一走进房间，就会带来平和与舒适感。我们会说"法兰克医生来了"，然后我们相信一切都会好转。人们都是给他现金，因为当时没有记账体系，也没有医疗保险。

家庭医生

医患关系曾经建立在一对一看诊的基础上。患者因为健康问题来看诊,医生为患者提供医疗建议,最后患者接受治疗,一切结束。然而,现在情况有了戏剧性的改变。

医学界出现了在以前看来复杂得令人难以想象且昂贵得令人难以置信的干预举措和检查设备,例如 CT 扫描,而核磁共振以及 PET 扫描也随之而来。这些检查都需要保险公司的经济支持,而这改变了一切。现在,保险公司的业务人员也常出现在患者的病床边和医生的诊室里。

当我来到住院患者的病床边——他们住进医院显然是因为有严重的健康问题,这些患者及他们的家属需要明白,病床边还有其他一些肯定会影响患者福祉的利益相关者。

保险公司

无论你是否喜欢他们(大部分人不喜欢),保险公司、医院行政人员、医生所处科室的主任以及来自州政府、区域政府和联邦政府的一系列监管人员,每一位和患者管理有利益关系的人都在病床边——虽然不是真的来到病床边,但你能感觉到他们的存在。让我给你举一个例子。

几年前,我照顾过一位非常好的绅士,他患有严重的癌症,并且已经经历了几次标准化和研究性的化疗。我们广泛搜寻医学文献,了解到一项可能对这位患者有效的治疗方案。这项特别的注射治疗因其安全性和合理性被医生广泛应用,但是它没有通过美国食品药品监督管理局的核准,而这个核准是保险公司赔付患者医疗费用的必备条件。

由于患者的需要被摆在第一位,我们和保险公司讨论了几次,并且提交文件说明这项治疗是现在业界的标准疗法,即使它还没有通过美国食品药品监督管理局的核准。经过几个月的争辩,保险公司终于同意赔付这位患者的治疗费用。

这就是我说的,有非常多的利益相关者围绕在病床边。患者和家属必须明白,如果一个疗法或操作没有得到保险公司的支持,我们必须向保险公司提出特别申请。但请恕我直言,这是一个非常冗长、劳心费力并且旷日持久的过程,是一个官僚体制下的噩梦。

那么我们如何有技巧地和这一体制打交道呢?我在这里提出一个患者和家属都能使用的"交战手册"。

- 显而易见,我们需要书面的文件,特别是由医护人员向保险公司提交的文件,来解释为什么某一治疗或操作是必要的。这类信件往来必须有文件支持，无论是医疗文献还是临床经验，以支持医生提出的方案。

- 几乎可以预见到，这类信件经常会被拒绝或丢失。因此患者、家属和医生必须有保险公司中负责患者病例的经理的姓名、头衔和电话信息。这些人通常不是真正做决定的人，但他们是非常重要的伙伴，要联系他们。

- 如果困难无法解决，我们必须和保险公司的医疗主管进行直接联系（这类事情由医生负责）。患者当然没有足够的知识和经验来有效地向医疗主管表达他们的担忧，这时就是患者的医生或者医疗团队出场的时候。

- 从我的经验来看，大部分的医疗主管都是理性的，而且大部分都想为患者做正确的事情。我发现从专业和同行的角度而非敌人的角度获得他们的支持，能够打开更多大门并得到更多机会。

- 成为敌对关系没什么好处，即使大多数人会凭本能这么做，但是如果能让那位医疗主管参与治疗计划，可以得到更多的好处。

这个过程可能颇为复杂，也常常耗费心力，因此患者需要一位懂得韧性和弹性的重要性的朋友、代理人和家庭成员来处理这些事情。

有一个很现实的问题，那就是有太多人参与了保险事务，有时很难辨识出谁才是保险公司中真正有资格做决定的关键人物。这些实验性的治疗方法通常都很新，因此我们不知道它真正的疗效如何。说真的，成功率非常低，所以在前面章节里提到的家庭会议中只把它作为其中一个议题就好。

患者及家属必须了解的另一个问题是非保险公司合作医院的费用支付问题。如果医疗费用是在与保险公司合作的医生或医院那里产生的，大多数患者的医疗保险都能支付大部分的医疗费用。但在某些情况下，如果患者不在这些与保险公司合作的医院或医生处看诊，就需要支付更高金额的账单。

让我举一个例子。设想你有位亲爱的家人住在另一个州，而他有了复杂的健康问题，最权威的专科医生却不是负责患者的保险公司的合作医生。找这位与患者的保险公司并无合作关系的医生治疗，会导致患者必须负担所有的医疗费用。这件事如果没能事先加以解释，会造成严重的误会，因此患者必须有保险公司代表的姓名和电话来明确由谁支付哪些费用。

很多患者曾经和我说过："医生，没有问题，我的保险政策是80∶20。"这表示保险公司能支付账单的80%，而患者只需负担剩下的20%。但并不是说这就没有问题了，账单并不都是只有几百或几千美元，20万美元的医药费的20%也有4万美元，即使患者生活宽裕，这仍然是很大一笔费用。

当患者不舒服、病恹恹或者害怕时，他们没有心思考虑这些问题。但是，这些不能被忽略，即使支付账单是生病的患者最后才去关心的事情。

当患者过世后，庞大的医疗账单问题就落在遗嘱执行者（通常是患者家属）的身上，这也令人很难吃得消。账单可以来自医院、诊所，或者来自非医疗的服务商、专科医生、理疗师、麻醉医生、其他医疗相关人员、合约内或合约外的医护人员、提供吸氧机和鼻胃管的医疗器械公司、安宁照护、救护服务以及其他诸如此类的相关方。

如同生活中的大多数情况，在解决复杂的账单以及保险问题上，没有什么能取代面对面的沟通。因此，当你还住在医院或照护机构里时，请去拜访医院的财务部门或养老院的财务人员。事后想通过自动语音系统找到保险公司或医院财务部门的负责人，绝对考验你的耐心。

来自有相关经验的人的最好的建议，就是要细心记录谁在什么时候说了什么、日期还有他们的联系方式。电子邮件也可以客观地记录下来谁说了什么。千万不要放弃。有些医疗机构会勾销某些医疗费用作为慈善医疗。有时候把这些工作交给处理遗产的律师或会计是明智的做法。

外来的照护者

有时候外来的照护者会成为病床边的照护团队的一部分。即使我与患者的交流大多在医院里，那里的访客多是患者的家属或亲友，但如果重病患者回家进行缓和医疗或者要在家善终，家属有时候会雇佣一位外来的照护者来陪伴并照顾患者。

为什么呢？有好几个原因：家属需要休息，患者身边没有人能照顾，照顾患者需要一些护理知识，患者需要全天候照顾，或者单纯因为患者或家属的偏好。我相信还有其他的原因，因此那些居家照护公司得以蓬勃发展。

我可以告诉你我听到的情况。很多居家照护公司提供一系列受过少量安宁照护专业训练的临时工。一般来说，这些病床边的陪护者是昂贵的保姆。他们大多数没有经受过处理紧急事件的训练，而且他们收取非常高昂的钟点费，但是这些照护者实际拿到的薪水只比最低工资高一点。

朱莉告诉了我们关于她妈妈的经历。她的妈妈得了痴呆症有8年之久,这是家人的梦魇。"我们最大的挑战就是居家日常的照护。在做了髋部手术之后,保险公司强迫我带妈妈回家。"此后,一连串来自"高度推荐的照护服务机构"的照护者来到她家里。

接下来,朱莉描述了这些照护者的行为:"他们从家里偷东西,为了学校课业忽略妈妈的需要(他们很多是护校或大学学生),工作的时候打电话,常常打破家里的东西,浪费食物及资源。那实在是疯狂、令人火大的事且需要支付昂贵的费用。"

在我自己的家庭中,我妻子的哥哥有严重的痴呆症,因此我们没有办法把他一个人留在家中,而他的妻子承担了大量的照护工作。为了让她能够休息,有一点个人的时间处理自己的事情,他们在家所处的中型社区四处打听,寻找一位照护者偶尔来家中帮忙。

有时候,唯一的资源是口碑,因为我知道还是有具有同情心、受过专业训练的陪护者的。也许"脸书"或其他社交平台是最有用的地方。一定要记得和推荐人交流,问清楚时薪大概是多少,并且和照护者见个面。如果你真的不放心,可以考虑安装一个隐藏的摄像头,但是要注意这会引起一连串与隐私相关的问题,所以一定要小心。

不速之客（不论人是否到场）

在大多数情况下，根据患者的年龄不同，病床周围有他的配偶、伴侣、老友、成年的孩子、孙辈。兄弟姐妹及他们的配偶以及其他姻亲，也可能是常见的访客。神职人员如果被邀请，也会常去探望。

但如果是布薇拉阿姨突然带着她的亲戚出现呢？或者是一位爱管闲事的邻居、教会的熟人、打麻将的牌友、桥牌社的伙伴……你明白我的意思，甚至是可能造成不必要困扰的前妻、赌场老板、愤怒的生意伙伴、失去继承权的女儿、被逐出家门的酒鬼姐夫，以及任何在这个神圣时刻不受欢迎的闲杂人等。如同我在本书中不断提起的，临终患者的床边不该是一个上演戏剧的地方。

因此，在患者家中必须有人来拒绝这些不速之客的来访，并且要守好大门。在某些情况下，家庭律师必须出面把这些人挡在门外。在门外甚至可以放一个"安宁照护进行中"的标识。

这些不速之客是如何了解情况的呢？这显然是社交媒体发挥了作用，一切都变得公开。患者家属应该有一个人在保护隐私的基础上负责处理家族中的信息交流。但如果不设置可见权限，所有的化验结果或大小便情况都能变成社交媒体上的一条公众帖子。我们医疗团队不希望我们所有的看诊情况或咨询内容都被传出去，因为这些话语都能够从语境中被抽离、被断章取义而造成误解，结果就是接不完的电话。我们不希望我们的临床工作或家庭会议被录像或实况转播，因为这涉及患者的隐私。患者床边已经有足够多的利益相关者需要应对，可别再火上浇油。

第二十四章

什么是医生协助自杀?

布林克力生病了,而且年事已高,它度过了漫长的一生,是位颇有成就的治疗师。它的患者们非常爱它。它总是陪伴在他们的病床边,虽然不会说话,却能带给数不清的患者以积极的治疗影响。但是,它得了癌症,它的器官正在衰竭,肾脏逐渐丧失功能,它剩下的日子屈指可数。

在医生给布林克力注射让它停止心跳的药物时,我和我的妻子佩姬都在场。当布林克力逐渐丧失生命气息,当它的心脏停止跳动时，我们的心都碎了。布林克力是我们的爱犬，我们是从收容站把它救出来的。它只有三条腿，有一条腿在它小时候因为受重伤而截肢。它多年来用无条件的爱拯救了我们。它在当地的退休中心担任非专业治疗犬，无数次造访患者以及他们的家人。

我们都面临过揪心的两难境况。我们珍爱的宠物，或许是一只生病的猫或狗，受困于某种情况——无论是因为身体疾病还是严重事故，失去了所有恢复的可能。我们可能随后会把它带到兽医那里，然后经过痛苦的决定，让这位忠心的伴侣在宁静中安息。

现在，我们把这种痛苦的境况延伸到病床边。我们安宁照护领域的人会反复听到这样的叙述："如果我们能让猫狗脱离痛苦，为什么不能对患者做同样的事情？""我的岳父正在受苦，我绝对不会让我的狗也遭受这样的痛苦。"

让我们开始讨论这件事，因为我们清楚地知道，几乎所有的家属在重病患者临终时都必须面对这个情况。

在俄勒冈州、华盛顿州以及其他一些州，通过普选，这些地方已经支持关于医生协助自杀或医生协助死亡的观念。不久前，佛蒙特州成了第一个使这一程序合法化的州。这意味着什么呢？并且，关于医生协助死亡，我们需要了解些什么？

对刚开始接触这些概念的人来说，它们有一些非常重要的区别。首先，我们先来关注安乐死。这是医护人员故意地、有目的地、蓄意结束患者生命的行为，并且通常是给患者注射致命的药物。这在美国所有地方都是不合法的。

现在我们来看有关医生协助自杀的议题，这在伦理讨论中被称为有医生协助的死亡。这个概念的含义是，医生或其他医护人员告诉患者，这类行为需要什么以及怎样进行，让患者自己死去。这是怎样运作的呢？在某些情况下，医生会开像巴比妥类或苯二氮卓类药物，这是患者或家属可以从药店买到的药。然后医生会给予清楚的指导，包括如何把药掺在浆状饮品里，让患者吞下去，使用的药物剂量是故意用来结束患者生命的。这种技术在我前面提到的地方已经合法化了。

让我们看看这件事的前因后果及历史背景。荷兰是这方面的先行者。如果某位患者身处绝望的境地，要求在医生的协助下自杀，而且有两位医生同意这么做，那么患者就能得到这些人的帮助，来结束自己的生命，这是合法的。

这让人回想起杰克·科沃坎医生带来的争议，他是一位病理科医生，至少协助了 130 个患者死亡。他在 1999 年被指控谋杀，因此身陷囹圄。他用医生协助自杀的方式支持患者死亡权利的公开立场，开启了这个领域的革命。

但是，这使我们在这个领域逐渐失去控制。起初，我们有明确的规定，患者必须有清楚的判断力和决策能力，并且患者必须有能力完全了解这个决定所代表的含义。然而，你很容易能想象到，这些规定越来越松散，以至于现在有些患者没有完全了解这些行为的实际意义就贸然行事。

在荷兰，医生协助自杀是头号新闻。我们已经知道，有一些人并没有患晚期的严重疾病却进行了安乐死，并且在某些情况下，这甚至没有取得患者的同意。当规定逐渐松散，人们就会为方便起见做出决定。

我们需要了解，这些并非是理论上的问题，而是实际生活中不可忽略的问题。随着美国人口老龄化，当美国人的家庭、社区和宗教纽带逐渐断裂，社区中人与人之间逐渐彼此隔离，不难看出患者可能会因为经济原因被迫面临这样的选择。想象一位贪心的外甥或其他诈骗集团会如何利用悲惨的重病老年妇女（也许已经没有直系亲属），以"爱"之名让她把所有的财产过户给自己。

因此我们需要痛苦地理解，人并非动物，动物可以被实施安乐死，如同前面兽医所做的那样，但是人却不行。

已经有广泛的文献来评估寻求医生协助自杀的患者的背景。患者做此决定最常见的理由是感到对自己的生活失去控制，并且担心自己成为家人的负担。令人费解的是，疼痛感反而成为排名相对靠后的理由。因此，如果患者能感到与医护人员有所互动，能够获得认同感，能够参与制订自己的治疗方案，这种要求就会逐渐减少而最终消失。

在过去的10年里，"死亡评审小组"常在一些政治场合被提起，我清晰地记得有一些老年患者来参与讨论，他们好奇自己的年纪是否能成为决定治疗是否适当的因素之一（答案是不能）。同样，一些有先天发育缺陷或身体失能的人很担心，由于自身的经济压力以及现在医生协助自杀的合法化，他们可能会有危险（但情况并非如此）。

现在，这些讨论的逻辑延伸显然集中在意向性问题和双重效应的概念上。如果给患者使用吗啡来舒缓呼吸急促、气喘和疼痛的症状，而它为人所知的副作用是可能会减慢呼吸并降低心率，但它的目的在于缓解疼痛和处理呼吸急促的问题，这些就是道德上可接受的治疗，并不会带来法律问题。

医护人员要充分向患者和家属说明吗啡或类似药物的用途、可能产生的副作用，以及可能出现的治疗结果，这是非常重要的。换句话说，使用这些药物和治疗的用意，就是要提升患者的生活品质。然而，其已知的副作用就是患者可能会出现呼吸费力和心跳减慢，因此可能会导致患者的死亡。尽管如此，这里要强调的重点是，患者的死亡不是这种治疗的用意。

随着医疗日益复杂和不断增加的成本以及美国人口的老龄化，我们需要参与类似的对话，以获得充分的信息，有足够的知识来处理这些临终的议题，这是为了我们的所爱之人，并且最终是为了我们自己。

第二十五章

我们如何为因生命的逝去而悲伤和失落提供帮助？

薇琪被诊断患有结肠癌，当标准化疗无法带来预期的疗效时，她接受了临床试验，之后又接受了另一个试验，但全都没有效果。癌细胞不断突变，并且逃过了那些被设计来对付它的化学物质的追杀。我现在说的并不是一个有关突变的癌细胞的故事，我要说的是我们非常敬重的那类癌症患者，她用无畏的勇气面对接二连三的坏消息。

薇琪告诉在"脸书"上日益增多的追随者们,她每次有新的化疗疗程,都会涂上口红。这个红色唇膏的表情符号变成了她以及她忠心的追随者们的战斗口号。每当有好消息传来,也就是实验室的检查结果令人振奋时,她都会让她的化疗护士(甚至男士们)涂上红色口红并且发布照片以表示庆祝。但她的朋友们说,薇琪不是在找办法鼓励自己,她是在用她的红色口红运动鼓励他们。

如果你在医疗领域中像我一样工作的时间足够长,看过成千上万的患者及他们的家属,每天陪伴他们一起忍受疼痛及痛苦——没办法,身为肿瘤科医生,我的患者并不总能起死回生……你没办法漠视思想、身体、精神和灵魂的相互作用。态度、性格以及我们如何看待世界,对我们如何处理严重疾病有至关重要的影响。

关于"精神"的概念,不同的人有不同的理解。我们在安宁疗护领域常用的一个定义,借用与我们合作的睿智的牧师所说的话,就是从内在寻求意义及其目的,特别是面对混乱和不确定的时候。

另一方面,"宗教"的概念通常围绕信仰系统的教规、戒律和仪式。举例来说,天主教传统把弥撒、忏悔和接受圣餐当作教会规定和仪式的一部分。而"精神"则比内在信仰系统更加个人化。

在我的临床经验中，几乎所有患者在危急时刻都会寻求一个能宽慰人心的场所，比如一个清真寺、一个流汗小屋[①]、一个会堂、一个教会、一个能敬神的地方。这种行为是在寻求一种超凡的力量或外界因素，不管它们有无名称，在困难的时候都能带来平静和抚慰。

我们先前提到的薇琪，找到她的朋友及家人，把自己包裹在深厚的友谊和社群精神中——一种"我们在一起"的联结，借助红色口红建立起来。她的庆祝生命的派对充满了红色口红、泪水和温暖的拥抱。她生命中深层次的精神生活让大家在痛苦中走到了一起。

我们不能忘记大屠杀幸存者维克多·弗兰克尔的经典著作《活出生命的意义》。弗兰克尔医生是在奥地利出生的一名精神科医生，二战时被囚禁在奥斯威辛集中营，被恐惧所环绕。他在心里记下了为什么有些囚犯能幸存下来，而另一些则没有。那些拥有意义、目标、联结感、常以人际关系为驱动力的人，因为某些原因成为在集中营得以幸存下来的少数人。这些幸存者具有内在的信念感，并且能够认识到态度和性格在逆境中的重要性。

我们这些安宁医疗工作者在医院中面对的真正挑战，是患者及家属在彼此的心灵旅程上不同步。下面是一个例子。

---

① 印第安本土信仰的蒸气浴室。——译者注

约瑟是一位 56 岁的农夫，他患有胰腺癌晚期，并且癌细胞已经蔓延到他的肝脏和骨头，他还有严重的黄疸，肝脏功能也在快速恶化。传统的化疗和放疗没能阻挡病情的恶化。他告诉他的医疗团队，他已经准备好离开人世了。他与病魔拼尽了全力作战，修补了破损的人际关系，该了结的也都已了结。他已经准备好接下来的旅程，并且想安静离世。

正如通常会发生的情况，他的许多家属，包括他的妻子，却与他想的完全不同。他们仍然顽强地抓住希望不放，想着可能有另外一家医院、另外一位外科医生或另外一位内科医生，能够提供一种神奇疗法、一种魔药、一粒万灵丹，让癌症消失。

这种患者及家属之间对立的情况，是所有人巨大压力的来源。安宁医疗团队扮演的角色之一，是具有同情心地教育患者及家属面对现实的情况时永远不要完全关闭希望之门，但是要引领家属了解治愈是不可能的，因此焦点要放在提高患者的生活品质及舒适感上。

斗争不够努力的荒谬论

在 20 世纪 80 年代中期，伯尼·西格尔的著作《爱、医学和奇迹：经历重症患者不药而愈的外科医生所学到的课程》

(*Love, Medicine and Miracles: Lessons learned about Self-Healing from a Surgeon's Experience with Exceptional Patients*)，出现在全美的医院病房中。这是一本重要的著作，因为它探讨了患者应如何对抗癌症。作者倡导一种更高的责任感。他鼓励患者积极主动地参与治疗决策。他邀请患者适当地挑战医疗机构，并且建议患者不要做被动的参与者，被医疗科技的洪流吞没。

而这种正面的信息最终被扭曲了。有一些作者认为，那些顽固地要求医生进行替代疗法的患者"战士"和"乐观主义者"们，会以某种方式从他们的疾病中得到缓解。

这种误导性的哲学给每位患者增添了可怕的负担。我看到这也发生在我自己的癌症患者身上，并且我怀疑，其他医学领域的专家在处理临终患者的问题时也能看到。

简单来说，这种错误的信息在说："你必须为自己的健康和幸福负责，同时态度对健康非常重要，因此如果你的癌症开始发展，或者你的治疗没有效果，这一定是因为你不够努力。癌症扩散都是你的错。"这显然是不对的。

把生存的责任放在患者身上，却忽视癌症及其他疾病也是生物的过程，而且患者对这样的现象无能为力。这些错误信息会造成负面影响，这和患者是否努力或是否输掉了和癌症斗争的战役无关。这样的事情只是单纯地超越了人类能掌控的范畴，对患者或医生来说都一样。

虽然如此，态度和性格的重要性还是不能被低估。对于疾病晚期患者的生活品质和健康来说，它们能够造成巨大的影响，无论是好还是坏。

灵魂的痛苦

毋庸置疑，很大一部分或许超过半数的临终患者，会经受很大的痛苦，尽管对于这个现象在医学界已经有了极大的认识。艾瑞克·卡索医生，一位在疗愈和痛苦领域颇有名气的思想家，把痛苦描述为身体、心理、精神以及社会层面上整体的痛苦感。

我们在安宁疗护领域希望更能关注到患者多个方面的痛苦。我们需要拥有一种敏感度，询问患者在缓解癌症的疼痛、心脏疾病或其他疾病所带来的痛苦之外，还有什么其他需要。

我们从社会学家、神职人员和心理学界学习到，人生的意义和目的对健康状态是至关重要的。患有绝症的患者不像生病前那样能够对社会有所贡献，因此必须让他们从别的地方寻找人生的意义和目标。虽然这些患者非常关心如何能解除痛苦，但他们也需要一种对周围环境的控制感。

我和我的医疗同事认识到，在走向死亡的过程中，患者被失落感所笼罩：他们有对身体和认知的失落感、对社会及情感的失落感、对精神的失落感，这导致他们质疑自己的信仰或价值体系。

我们还了解到"悲伤在运作着"，也就是说患者需要逐渐接受失去健康的事实这一演变过程，体验失落的痛苦，同时也要直面现实，开始了解家人也会因为伴侣、配偶、父母或兄弟姐妹的离世而感到悲伤，需要重新找到情感的位置。

这些悲伤的任务是整个社会群体和个体必须完成的。一位睿智的临床医生评论说，克服悲伤的唯一方法就是经历它。这个过程不能加速，也不能因为一粒药、一剂贴片或短暂的心理干预就能变好（我自己是长期悲伤辅导的支持者）。

随着对精神的痛苦有越来越多的认识，患者本人会对自己先前的信仰体系产生怀疑。几乎所有患者在面对绝症或会导致失能的疾病时都会表现出悔恨、绝望以及无助感。

我一直反复思考前面提到的那位睿智的牧师所说的话，他把精神定义为在面对混沌以及不确定性时从内在寻求生命的意义和目的。"精神"这个名词有许多种定义，但对我来说，这是最好的解释。

医疗团队需要与患者进行这些有意义的对话，但也应该认识到，心理咨询师的参与可以帮助患者。

现在有一些精神评估指南会问一些开放性的问题，例如"你感觉怎么样？""你如何处理现在的情况？"，这样能开展丰富多彩的医患交流。对患者来说，如果不解决身体症状和不适感的问题，他们几乎不可能接受精神治疗并感到内心的安宁。

如果患者感到恶心、呕吐，并且伴有严重的疼痛，当然不能期待患者可以开始精神旅程。安宁疗护拥有的工具之一，就是认可症状控制的重要性，并且为深入了解生存的精神危机提供途径。

患者偶尔会要求医疗团队加速其死亡过程，可能是想借由医生注射致死药物或采取其他方法。这时候医疗团队必须及时处理并且询问患者为什么他们想要这样做。一般来说，这常是因为患者失去了人生意义、目标和掌控能力。

绝症患者的自杀风险很高，比一般人高得多。老年人，特别是丧偶或独居的白人男性，自杀风险是普通人群的5倍。

我们已经认识到进行身体接触有很好的疗效。这也是陪伴的力量，能够引导患者进入疗愈而舒适的环境。如同本书前文提到的，单单出现在患者身边就能极大地影响患者的健康。

因此，总而言之，我们要认识到痛苦和苦难的深刻的心理和精神根源，而且医疗团队和家属需要认识到，某些适当的干预可以减少患者临终时的痛苦强度。

灵性与宗教

在临床上，我们常常听到"我有精神信仰，但我没有宗教信仰"这样的说法，也就是说，患者感受到一种全能的力量，但是否认接受一种正式的信仰联结。

不论是精神灵性还是正式的宗教信仰，在临终这个现实来临时，对患者和家属而言它们在床边都有一席之地。

在2013年5月初，哈佛大学附属系统中几个主要的医学中心的医生发表了一篇引人注目的研究报告，研究对象是上百位癌症晚期患者。研究报告的作者清楚地记录了那些从宗教团体中得到强大神性支持的患者，他们在临终时更有可能接受过度的积极治疗。这些患者不太可能接受安宁照护，更有可能死在重症监护病房里，并在临终之时接受多种维持生命的干预措施。

另一方面，当患者能感受到医疗团队给予的实质性的精神支持时，选择进行过度的积极干预的情况则大幅减少，死在重症监护室的人数较少，也有更多人使用安宁照护。

我对这些发现进行了总结：有340位从他们所属的社区接受神性支持的患者拒绝减少治疗，而是更偏向于选择积极干预，例如进入重症监护室；但另一方面，从医疗团队获得精神

第二十五章 我们如何为因生命的逝去而悲伤和失落提供帮助？

支持的患者则理性得多，希望进行安宁照护，并且选择不进重症监护室。这个研究结果要怎么解读呢？

其实，报告的作者非常理性地提出，社区中宗教团体的成员无法了解患者病情中细微的变化、差异和复杂程度。在宗教团体中有一个广泛的信念，会强调坚忍能生出希望，也就是在疾病中受苦能带来希望，而这个希望能带来奇迹般的康复。也就是说，宗教团体实际上是在敦促患者要撑住，等待来自上天的眷顾。

反之，医疗团队对患者的情况有更多的实际认知，并且会负责任地为患者及家属解释积极治疗的结果是什么。当这些解释能妥善表达时，患者就大大地降低采取积极治疗的想法了。

所以这些研究最终想表达什么？一个重要的信息是，患者需要清楚地向医疗团队表明他们有精神和心理需求，以及这些需求代表着什么。而我们身为医疗人员，需要了解这对患者及家属意味着什么，这样便能达成折中的方案。

我们常见到一个临床上的困境，特别是在医院里，就是期望患者的症状会被治好。这个期待其实是在说，"如果患者能多撑一会儿，上天的眷顾就会来临"。当我们都在期待这件事情时，我们有责任正确看待它。

有趣的是，我所见到的精神支持，往往是患者所在信仰团体的探望者来到病床边，开始仪式性的祈祷，使用天主教玫瑰珠、念珠，进行焚香，或者进行其他的信仰仪式。

这些对信仰给予肯定的行为，能在很大程度上提升病情复杂的患者的生活品质。但是，宗教团体的参与和精神支持并不能在临终时提升患者的生活品质。这是一个复杂的领域。我们不能只做旁观者，必须进行有意义的对话来最大限度地提高患者的生活品质，并且符合患者对精神支持的期待。

半满的杯子

另外一个在患者家属中经常出现的重要议题是，他们对患者的鼓励和支持究竟能否提供任何价值。如前所述，目前医学界对于研究态度和性格如何影响癌症治疗，特别是肺癌的治疗，产生了越来越浓厚的兴趣。

梅奥诊所的研究找来了数百位接受过明尼苏达多项人格测试（MMPI）的患者。这项测试在过去几十年被认为是有效且可靠的。根据既定的评分标准，有些患者被认为是乐观的，而有些患者被认为是悲观的。

在几年的时间内，有些患者患上了肺癌，这是非常常见的一种疾病。一些研究者提出了一个重要的问题："这些乐观的患者和悲观的患者相比，情况如何？"在一份经过同行评议、富有威望的医学期刊中，一项研究发现，与对自己的疾病持更乐观态度的患者（认为杯中还有半杯水）相比，性格悲观的患者（认为杯中只剩半杯水）在癌症方面的表现要差得多。

这篇论文满足了研究有效性的所有统计学方面的要求，并且意义重大。作者的推论是：如果有一个人得了早期肺癌，并且这个人是乐观的，从定义上说，这个人会寻求合理的医疗照护，会积极评估医院、肿瘤科医生和外科医生，也会积极寻求最佳疗法；而悲观的患者，从定义上说，不会做这些事情。在这项研究中乐观的人会比悲观的人多活好几年。

另一项同时进行的研究评估了一系列的肺癌患者，让他们做了一份简单的问卷来评估自己的生活品质。满分10分代表能达到最好，而0分或1分代表非常糟糕。让研究者意外的是，这份简单的问卷戏剧性地预测到并识别出长期的存活者。

研究是很有趣的，但是这些发现与安宁照护和缓和医疗有什么关系呢？这些研究清楚地指出，像疼痛、呼吸急促、恶心或呕吐这样的症状被控制住时，这些患者能够比症状没有得到控制的患者活得更久。

另一项哈佛大学的研究将数百位肺癌患者分成两组，一半患者接受了专业的缓和医学专科医生提供的缓和医疗服务，而另外一半患者接受了标准的化疗。令研究人员惊讶的是，那些接受了安宁照护的患者比那些只接受化疗的患者多活了将近三个月。

这是一项开创性的研究，并且美国临床癌症协会已经将安宁照护归入癌症晚期患者的标准治疗之中。

所以我们要能从同行评议的期刊以及适当的统计分析中学习到，当症状能被控制住时，患者不仅会得到更好的生活品质，也能活得更久；而症状没能得到控制的患者情况则刚好相反，在安宁照护上也是如此。

活着的人的悲伤

毫无疑问，患者在生命消逝时会感到悲伤，但是死亡过程的另外一个重要方面是家属经历的悲痛。我们在医院常看到的一个现象是事先举哀，这是什么意思呢？

这是家属正在为患者的临终时刻做准备。如果他们没有意识到这一点，他们会经历非常大的压力和沮丧。有了事先举哀，家属能表达哀伤（一种内心的无意义感），同时能像患者已经过世般行事。他们可能会开始用过去式讨论患者。我每天都能见到这样的情况。

悲伤会在情绪及身体两方面表现出来。家属可能要承担的悲伤任务包括：

第二十五章 我们如何为因生命的逝去而悲伤和失落提供帮助？

- 接受即将失去家人的现实。这表示患者的健康、生命力和能量已经衰竭。如果患者真的过世了，这就是无法挽回的最终结局。

- 没有捷径，没有快速的解决办法。镇静剂、药物和安眠药只会延缓心情恢复的过程，并且在大多数情况下不建议悲伤的家属服用。

- 家庭成员，特别是患者的配偶，必须调整自己来适应没有另一半的生活。这是一段非常痛苦的经历。适应是一个过程，而且需要时间。患者的社交圈以及其他一些家庭成员很快就会脱离悲伤，生活很快就会恢复如前，然而伤心的未亡人会被孤立起来，有些人甚至需要充满爱的支持或专业指导才能恢复过来。

- 在情感上适应另一半不在的生活，并在世上创造出新的意义和目标，无论是一个失去伴侣的人，还是失去了具有重要意义的孩子、父母和兄弟姐妹的人，是非常痛苦而且非常孤单的。就失去伴侣而言，大体上说我们是一个成双成对的社会，因此丧偶自有其挑战。就失去其他亲人而言，每个人都会以不同的方式感受到失去的痛苦，我们都能感受到。我们是一个有联结感的社会，因此我们必须找出方法来适应我们新的日常生活。

一般来说，我们大多数人会从悲痛中走出来，但有少数人永远不会恢复。关于四种复杂性悲伤有许多研究，我在下面总结一下：

1. 慢性悲伤。这通常被定义为让人无法承受的抑郁、愤怒和内疚感，持续时间为亲人过世后6个月。

2. 迟发性悲伤。亲人过世数年后，患者也许会突然因自我调节不足、焦虑、抑郁以及不适当的调节方法（例如酗酒）而崩溃。一首歌、一间餐馆、一种气味、一个假日，都会引起过度的伤心及悲痛。

请让我用一个例子解释。我有位远房亲戚住在另外一座城市，他是位40岁出头的绅士，事业有成，前途似锦。他和他妈妈之间发生过很多次争吵，很情绪化，并且有暴力倾向。在他母亲过世的20年间，我这位亲戚从来不曾表示过他对妈妈的感受。最近，在母亲节的时候，他崩溃了，他丧失了生活能力。他有很严重的抑郁，并开始有自杀行为。在专业的心理健康人员对他进行治疗后，我们才知道母亲节是这一连串没有解决的对母亲的悲伤情绪爆发的诱因。

3. 面无表情的悲伤。这是指一个人看起来好像局外人，对于配偶、伴侣或家人过世表现得完全冷漠，没有情绪，既漠不关心，也表现得事不关己。生活中似乎什么都没有发生，亲人的死亡对他的生活一点影响也没有，日子还是照过。然而，如果这些人没有面对失去亲人或亲友的事实，那么自残行为、滥用药物以及其他敌对机制便会显露出来。

如果不以富有成效和创造性的方式处理悲伤和失落，那么这些感受将转化为具象的疾病，例如抑郁、焦虑，或者以精神悲痛的其他形式出现。

4. 夸大的悲伤。这是指对某人过世的过度反应及表现。可能表现为一种心烦意乱的状态，无法集中注意力，也无法建立任何有意义的关系。自杀意念会变得强烈，对于疾病甚至旅行这种无害的事情也会过度恐惧和害怕。这些人需要富有同情心的专业心理咨询师的帮助，不能指望他们可以自己克服困难，继续生活。

人的思想、身体、精神和灵魂是互相交织在一起的，我们的思维方式和行为方式会极大地影响我们的感受。

第二十六章

谁来照顾那些照护者？

在临终患者的疾病发展到某个时刻，我们必须做出重要的决定，例如，什么时候要开始考虑在机构里进行长期照护，比如养老院或安宁照护中心？这种困难的决定会让患者和家属痛彻心扉，但是到了这一刻，不论从家庭还是从社会环境来看，照护者已经没有办法再继续承担照护的责任，并且照护者的健康也会随着患者本人一起日渐恶化。

瑞依的岳父在养老院里已经接近植物人状态。他没有办法移动，也没有办法说话。他还能像这样子活多久呢？医生总是说也许还有一个月，然后又说还有3个月。瑞依的岳母每天开车去养老院，她每天喂老伴吃饭，尽量满足老伴的需要，就这样日复一日，过了3年。

瑞依岳父的照护费用已经蚕食了他养老保险中的每一分钱，也用掉了他每个月的退休金。瑞依的岳母自己似乎也得了中风，她也来到丈夫所在的养老院，之后在那里恢复了足够的日常自理能力，转移到了辅助生活社区，而这让整个家庭陷入两难境地。这种情况并不少见。

照顾一位患有严重疾病或生活失能的患者，会对照护者造成巨大的难以承担的开销，对其他家庭成员也是如此。在诊所或医院中，我们反复看到照护者耗尽了自己，心力交瘁，变得易怒，自己的健康状况也开始恶化，没办法为患者做出合理的决定。

随着美国社会人口形态的转型，加上儿女往往住得很远，通常是健康的配偶承担起照顾的责任。有时候，如果成年儿女住得很近，通常是女儿或儿媳妇来帮忙，儿子较少帮忙。这给我们什么启示？生更多女儿？说实在的，这代表家庭必须有计划地来照顾患者和照护者。

照顾你自己

如果你想照顾好行将就木的患者,就要先好好照顾自己。但是这话说起来简单,做起来却很困难,因为照护者可能需要待在家中照顾好几年,包括所有的日常活动都要在家中进行。

如果在家以外的地方照顾患者,可能包括要频繁地往来于生活支持中心、养老院或医院;也可能产生其他问题,例如和持有不同意见的家人发生冲突(特别是那些不在场因而没办法参与日常护理的人),他们可能对治疗方法或结果有意见。除此之外,还有支付账单、和保险公司交涉、填写烦琐的表格、跑腿办差事、坐在床边发呆、看一些没营养的电视只为了让自己的心暂时脱离现实、永无休止地看医生、上下车、担心、深夜扰人的电话、跌倒、找救护车——那些经历过的人一定知道我在说什么。

心力交瘁是照护者一个重大的问题。让我来谈一些想法。

不论照护者的年纪有多大,都必须关注照护者的身体健康。实际上,这些照护者可能没办法跑马拉松,但是要鼓励他们不论是在户外还是在跑步机上,要每周5天、每天至少走30分钟。除此之外,他们还需要锻炼腿部肌肉,或者参与一定程度的运动,即使只是在养老院或医院的走廊上来回走。照护者通常会说时间不够，但是我们要努力强调，如果他们现在真的没有时间，或者一点时间都挤不出来，他们将来就可能有大把的时间，因为他们的身体机能会受到损伤。

我们也强调一些抗压运动的重要性，可以是弹力绳、健身器械或力量训练。有一些资料显示，从 30 岁时开始，我们的身体每年会损失 1% 的肌肉量和力量。因此在几十年内，不锻炼的人会丧失 1/3 的肌肉量，而这些肌肉是我们照顾至亲、抱他们上下床或帮他们从椅子上站起来所需要的。我们也必须注意每天的生活形态。如果生活没有先后顺序和轻重缓急，不事先制订计划，不事先安排时间和规划生活，生活很容易变得索然无味。

照护者必须明白，他们的生活不能一心多用，不能同时做两件事情。同时看邮件、签署文件并接听电话会有灾难性的隐患，特别是照顾重病患者的时候。

疗愈环境的另一层面，是人际连接和社群的重要性。我们很清楚，一位被孤立和被边缘化的照护者，会患上各式各样的身体及心理疾病。支持团体、教会和信仰聚会以及社区互助团体的支持绝对是非常重要的，让你在处理一些困难情况时能够坚持到底。

瑜伽及冥想课程能提供的不只是社群和人际连接，也能在非宗教信仰的精神层面提供帮助。即使每天只花 20 分钟到医院的祈祷室安静坐着，也能把大脑暂时关闭，享受片刻安宁。

下面有一些给照护者安排日常行程及工作的建议。

- 分配工作给家庭成员并让他们发挥长处。如果你的嫂子在文书方面很在行，就让她处理堆积如山的账单和来自保险公司的与医疗保险相关的邮件；如果你的侄女是重症监护的护士，就让她研究所有医疗事宜，或者整理出一些问题在家庭会议中与其他照护者讨论；如果你的外甥是会计，就让他填表格并且控制预算；而家里那个擅长电脑的少年，就让他负责在社交平台上进行与家人的信息分享，以及发邮件更新近况。

- 如果爸爸是主要的照护者，并且已经有数不尽的时间陪伴在妈妈床边，那么带他去吃一顿好吃的，或者让他休息一个夜晚，好好放松一下，而且给他需要的安慰，让他有信心接受，知道有一个有能力的人可以替代他一下。

- 当心怀好意的朋友或邻居说"有什么能帮得上忙的就告诉我"时，千万不要漏掉这个机会。接受他们的好意，请他们帮忙，例如拜托他们割草、喂狗、洗衣服、烤一个派、买比萨、打电话给牧师、去一趟邮局或者去杂货店买东西。

- 确保主要的照护者有委托授权书,可以从患者的账户中开支票来准时支付账单,避免被罚款。

- 准备一个三孔资料夹,把所有重要文件收好,这样在需要时就不用翻箱倒柜,特别是当生病的家人需要更换居住场所或照护者的时候。资料夹中也要有预立医嘱、医疗代理人的文件、指定的财务代理人资料、遗嘱、社保卡、保险卡、驾照、退伍军人资料、病历、葬礼预付款合同以及殡仪馆的联系方式和其他相关的文件。你需要把一些文件拍照后存在手机里。手头有关键文件能帮你忙中不乱、减轻压力。

- 为所有需要更新信息的家人和朋友准备一份电话联络表和邮箱地址列表。智能手机也能帮忙管理这些信息。

- 不要没完没了地打电话或发短信,考虑使用一个社交工具,在上面发布珍爱的家人的情况。有些人觉得和他人分享悲伤能带来抚慰,另一些人却觉得这样做很让人烦恼,觉得要有隐私。"脸书"可能不是最好的分享空间,除非你很小心地处理隐私权的设置。

・读一些关于死亡和临终的书籍。

安宁照护和缓和医疗如何帮助照护者

安宁照护和缓和医疗对患者之外的人帮助更大。这个发现有两篇重要的研究支持,研究表明高品质的安宁照护对患者以及配偶都有益。

一项在西奈山医学中心所做的全美范围内的研究发现,患者在接受安宁照护之后,他们的配偶比那些没有接受安宁照护的患者配偶更少患上抑郁症,该研究发表在《美国内科医学期刊》上。

达特茅斯的研究人员发现,癌症患者的早期缓和医疗能在患者人生的最后一个月中减少照护者的压力,该研究发表在《临床肿瘤学期刊》上。在所有病例中,缓和医疗团队以及患者成年的子女应该意识到复杂性悲伤的高危人群。丧偶的悲痛会对未亡人有毁灭性的影响,尤其是男性。

毫无疑问,如果对抑郁症不加以处理,抑郁者的生活品质会下降,而且预期寿命会缩短,这会带来可怕的后果。从定义上看，严重抑郁症的诊断依据是：每天大多数时间都情绪低落，对曾经可以带来快乐的活动缺乏兴趣，优柔寡断，尤其有无望感和无用感，而这样的情况会一直持续两周或更长的时间。

这些症状和迹象都在提醒家庭成员需要进行干预。

那么要如何处理家属抑郁的问题呢？毫无疑问，一位有经验的治疗师是至关重要的。在一些安宁照护机构中，社工可以用信件、电子邮件和电话来追踪家属，时间可延长到其挚爱的家人过世一年以后或更久。家属在这些时候需要接受情感的支持和寻求专业人员的帮助。有一些安宁照护中心会安排悲伤支持团队，也有一些殡仪馆提供类似的服务。

其他专业人士，比如神职人员的加入，可能是比较适合的，除非照护者没有信仰并反对宗教的参与。

家庭医生能处理抑郁症的医疗层面的问题。对某些人来说可以使用抗抑郁药物，例如五羟色胺再摄取抑制剂（SSRIs）。抗抑郁药物通常需要服用 6~8 周才能达到最佳效果，因此要注意用药初期的情况。

我们不能忽略家属的心理压力，特别是主要的照护者。这些人所承受的压力会让他们失能，特别是长期的睡眠不足以及在财务上的担忧所带来的压力。大约有三分之一的家庭会在照顾临终患者时花费大量的存款。

关键是，照护者可能因为失去同情心而崩溃，特征是会出现失眠以及无法做出决定的情况。他们会产生一种严重的孤立感，并且他们的工作很少得到认可。大多数人不能再去做按摩、做指甲、打网球、做头发，或给自己几个小时独处的时间。他们需要理解，他们不仅要处理极其复杂的医疗决策，还要处理生活中的琐碎事务：保险单、所得税、账号密码、法律问题、付账单、整理住宅、处理日益减少的积蓄以及其他更多的问题。

生死有其规律。在某个时间点，照护者的工作会结束。当然照护者有时候也是葬礼的策划人及遗产的处理者，于是另一系列的责任又要开始了。在死亡的每个阶段以及死亡之后，照护者都需要持续的帮助来调适自己新的生活。这对于身体、思想、情绪、心理和精神健康都非常重要。

第二十七章

如果医生要求尸检

珍妮特正当壮年,因为某种原因不明的脑部疾病过世,年仅 55 岁。在去世前长达一年的时间里,她挣扎着寻求确切的诊断,做了多次脑部扫描,也住院多次。最后,她反复出现脑出血,丧失了脑部功能。尽管如此,医生还是不知道问题出在哪里,只能猜想这是某种神经问题,但并不知道到底是哪一种问题。

她的家人很想知道,为什么医学无法在珍妮特生前找到病因。因此在珍妮特过世之后,她的家属被问起要不要进行尸检,或许能找出病因。

这个操作能发现重要的临床资料,让家属可以了解关于他们自己的健康状况。珍妮特的两个孩子和其他亲属的孩子都能从这些资料中获益。因为,如果这不是一个遗传的问题,家属当然就能松一口气;如果是遗传的问题,家属就得尽早做症状筛查。

因此医生提出尸检的建议,她的家属同意了。

尽管在生前做过PET扫描、核磁共振成像和CT扫描这些精密的检查,但珍妮特的病因始终无法确定,因此尸检就成了为她家人的健康以及医学的进步提供重要信息的方法。

如今的尸检能做得非常详尽,经常是免费的服务,而且尸检不会使葬礼延后举行,还可以借此发现重要的临床资料。

举例来说,我想起一个尸检病例,发现患者有多重潜伏结核菌,如果患者家属不进行治疗,也会有很高的患病风险。在另外一例尸检中,医生通过病理检查找到了一种罕见的冠状动脉变异,这可能会导致猝死(患者死于心脏病以外的其他疾病),家属因而得知了这种疾病遗传的可能性。

最常见的情况是由医疗人员提出要求尸检(很少有家属提出要求)。以前家属常常会同意检查,但现在我们越来越少地进行尸检了,因为患者家属认为通过患者生前的扫描结果就已经知道得够多了。他们常常说:"爸爸已经受够多的罪了,就不要再折磨他了吧。"

有时候,如同珍妮特的案例,尸检也未能给诊断带来新的提示。

器官捐赠

让我来谈谈器官捐赠。通常不鼓励在涉及极端年龄和慢性病的临终情况下进行器官捐赠,原因很简单:根据定义,这些患者的疾病非常严重(不论年龄),并且他们的器官已经遭受过严重的创伤,特别是由于血流减少所带来的创伤。

如果患者在医院外面过世,除非捐赠眼睛或身体组织,其他的器官捐赠实际上是无法进行的,因为在器官摘取之前都必须要维持生命。

然而,有些患者会把他们的遗体捐赠给医学院用作解剖课教学使用。我为这些人喝彩。这是可以写进预立遗嘱里的内容,并且可以事先和接收单位联系。

说到这里,我希望你能了解杰茜的故事。1966年,她在医学院为我打开了医学之门。她是一位非洲裔美国人,因为药物使用过量而在 30 多岁时香消玉殒。她成了我的解剖标本，我对她的了解比我对地球上其他任何我认识的人都更深入。我终生都感谢她和她的家人慷慨地捐赠了她的整个身体，帮助我进一步学习医学。

如果你曾经参加过那些遗体捐赠的纪念仪式，你会听到医学生对这些捐赠者和他们的家人有多么深刻的感激。这份礼物是完全无私的。它将在未来帮助无数人，同时也让这份礼物具有无限的价值。

第二十八章

我们如何策划葬礼？

讨论葬礼可不是晚餐餐桌上最吸引人的话题，但也许它应该是。有些人为自己策划葬礼，并挑选牧师，也决定要在葬礼上读哪些神圣经典，要摆哪一种花，要放哪些音乐。这真是送给家人的一个大礼。

对我们安宁照护团队来说，与临终患者讨论葬礼并不算少见。确实，我在病床边听过很多讨论，我也对那些做这些最终安排的家庭表示赞许。

当一个人就要离世，除非他们选择不讨论葬礼和葬礼的安排，否则这些话题几乎是必不可少的，无论是神龛还是土葬，或是火葬（骨灰盒或者撒骨灰的方式）。一些有先见之明的人可能已经计划好了支付定金，这样能让已经非常悲痛的家人更容易处理后事。

在大多数场合，同患者和家属讨论葬礼是很困难的。但在这个痛苦的时刻，我与患者和家属一起参与其中，见证了一些对已逝之人最动人也最有力量的感言。可悲的是，我也看到许多葬礼仿佛马戏团演出，而不是对逝者的适当致敬。

有一些葬礼看起来非常切题而且有意义，有少数几位发言者会在葬礼上讲述逝者一生的事迹。同样重要的是，每位发言者都对逝者表示认可并表达他们和逝者的关系。

有一些值得回忆的葬礼包括了家人对逝者简短的评语。在这样一个令人印象深刻的特殊场合，家族中的一个发言人被推举出来讲一段话，说得非常得体，用词优美，内容动人，对参与者是非常具有疗愈效果的。

因此我们该如何总结一个人用一生传达给我们的信息呢？那里面交织着伤心和绝望，也萌发着希望和新生。他们拼尽全力与病魔斗争，走完当行的路，他们也曾竭尽所能，而最后不得不承认生命并不总是公平的，好人并不总是会胜利，而且天天下无不散之筵席。从他们身上，我们能够学到些什么呢？

我从这些值得怀念的人身上学习到好几种特质，我也在此与你们分享：

- 他们看重生命中的关系——他们的朋友、家人、社群，以及他们与珍视之人的交流。
- 他们很早就接受他们的疾病是不治之症。他们也承认，在某些情况下，治疗、干预和技术设备比病情本身更糟糕。在这种情况下，他们选择在剩下的时间里把精力花在提高生活品质上，让生命的终点变得更柔和、更优雅。
- 他们能做到处处留心，专注于每一个当下以及每一段关系。
- 他们承认自己的每一个决定都将产生深远的影响，不仅对自己，还有他们的家人。
- 最令人难忘的是，这些患者没有让疾病吞噬自己。他们不是特别关注下一次 CT 扫描的结果，而是关注其他人和他们的福祉，包括我们医疗团队的人。

第二十九章

有人考虑过死亡的代价吗？

每一天，我都能见到严重疾病对于精神以及身体的摧残。不幸的是，这场悲剧的另一个我们不能忽视的层面，是死亡的经济现实。我在其他讨论中也提到了费用问题，但对财务问题的分析，大部分内容都值得重复。

在过去的几十年里，我看到许许多多的患者靠插管和科技支持机械地活着，而他们的心脏衰竭了，肝脏和肾脏衰竭了，大脑萎缩了。大多数家庭在得知继续采取这些措施是徒劳无功之后，就会做出谨慎的决定。

但是，有一些家庭没办法面对这种悲惨的现实。没有人想要做出决定，停止英勇的积极治疗措施，并且在没有预立遗嘱的指导时，我们医护人员有义务在一个家庭拒绝接受医疗强度降低的情况下尽一切努力对患者进行医治。不幸的是，很多这样的患者要痛苦很多天。

我记得，有一位在重症监护室待了202天的患者最终还是去世了，结果让家人面对医药费留下的残忍的经济现实。

各大医疗中心的重症监护室平均每日的花费约为1.5万美元。在某些情况下，账单很容易变得高不可攀。没有哪位患者的医疗保险会支付账单的所有费用。算一算就知道，我们看到的是标有好几百万美元的价签。

在历史上曾经有一段时间，我们从来不为医疗标价，但这是一个不一样的时代，我们需要对死亡的成本有一些责任感。

在理想的状态下以及完美的世界里，患者会在家中安详离世，身旁有亲爱的家人和可爱的宠物，患者可以安静地在忠实的配偶或人生伴侣的臂弯里瞑目。然而，现实是残忍的，与理想相去甚远。虽然有越来越多的患者在家过世，但还是有很多患者在人生的最后一个月，还要在医院的重症监护室里待一段时间。

典型的场景是这样的。一位患者患有严重的疾病，无论是癌症，还是关于心脏、肾脏、肺脏的疾病。患者来回奔波于医院、养老院和急诊室之间，并且一定会来到重症监护室。这种恶性循环能让最负责任的家庭破产，并且我们有大约三分之一的患者会因为医疗花费沦为赤贫。

我们也会成为患者，需要去问清关于经济现实的重要问题。显然，我们并没有为生死标价，但是每一位消费者都应该知道标价的重要性，以及有哪些覆盖项目仅仅是保险公司在需要自付的费用上涂的糖衣。

我和一位女士谈过，她的丈夫是一名退休的外科医生。他是一个深受患者和同行喜爱的颇具天赋的人才。当造访美国东海岸的时候，他患上了严重的中风类疾病，寻求当地的神经外科医生的帮助。这位神经外科医生非常恰当地推荐了救命的手术。

这位患者的妻子非常尽职地和保险公司联系，确保这位外科医生和要进行手术的医院是在保险公司的网络里，期望医疗账单的很大一部分会由保险支付。请耐心听完这个故事。出院后几星期，这位患者收到了一份 16.4 万美元的账单。你没看错，位数是对的。其实，这相对于其他噩梦般的账单还算是小额的。这位患者和家属走了合理的渠道，结果如何呢？

结果是，虽然这位外科医生以及这家医院都在保险公司的网络中，但他们请了一位头颈外科的外科医生、一位整形外科医生和一位血管外科医生作为助手，而他们都不是医保网络中的医生。因此，其他几位医生必须单独和患者结算账单。更重要的是，麻醉医生其实是另一个私人集团的医生，尽管他在保险公司网络内的医院工作。

所以我们遇到了一个完美风暴，那就是患者做了所有正确的事情，走了正确的渠道，但是仍然没有了解游戏规则，并且也不懂如何成为一位更精明的消费者。

平心而论，当面对救命的手术时，我们大多数人最后才想到保险的问题，但是我们需要采取主动，否则在看到账单时会吓掉下巴。并且，可以肯定的是，当我站在患者的病床边时，我不知道（也不在乎）是谁在付款，付了些什么，以及付了多少钱。我的治疗不是看"钱包活检"决定的，"钱包活检"指的是患者是否有保险或是否有支付能力。

我们医生常常不知道治疗项目的价格或者药物的价格，也不知道哪些医生在哪些保险网络中——虽然我知道，有一些美国食品药品监督管理局核准的癌症药物，一个月的药费和一辆新车一样贵，而且我说的是像雷克萨斯那样的豪华汽车。

能使用联邦医疗保险的患者，常常被医院送到中级医院进行康复治疗,或者送到养老院。如果符合某些条件,联邦医疗保险会支付前 100 天的费用。但别以为联邦医疗保险总能付钱。因此,最好能和医院或机构的财务代表安排一次会谈,向他们提问并做笔记。

如果你的亲人是在联邦医疗保险按日支付的安宁照护机构,情况也是如此。如果患者需要急诊服务,或者需要采取其他昂贵的疗法或治疗,这些按日结算的费用会逐渐超过保险支付额度,而安宁照护的费用就可能不被纳入支付范围。因此,如果患者要求一次急诊室评估,家属要知道他们需要负担的急诊费用。

让我解释一下为什么照护的费用越高,患者的生活品质却会越低,并且死亡的品质在生命的最后几周也会越低。这些观察来自《内科年鉴》中的一项研究。

每天在三级医院(最高级的医院,经常是医学院的教学医院)里常常会坚持使用侵入性的、运用最新科技的疗法,但这些并不能真正帮助晚期病患。

我见过患者坚持做 PET 或 CT 扫描,即使没有这么做的理由。高科技的介入、另一个疗程的化疗,对很多身处绝境的患者来说是不需要的,并且会造成更多伤害。那不是我们所希望的。因此,正如对生命及死亡品质的研究发现的那样,患者容易使用过多的医疗介入（因为他们自己的坚持或不良的医疗建议），结果牺牲了自己的死亡品质。

随着人口老龄化，以及常规的医疗系统越发难以访问、越来越不友善，我们面对的是谁生、谁死、谁付钱之间的微妙经济议题。没有什么比打开邮箱看到医疗账单更能让丧亲之痛雪上加霜。

第三十章

临终时辅助疗法和替代疗法扮演什么角色？

一旦传统疗法被舍弃，人们就会对辅助疗法、替代疗法和综合医疗产生极大的关注、好奇和渴望，希望可以满足临终患者的需要。有一些人也会在进行传统治疗的同时追求这些治疗。

从历史和传统来看，我们西方医学要求随机临床试验和安慰剂对照来证明一种疗法的有效性。然而，虽然有些疗法还没有经过正式的临床试验的证实，但已经很明显能提升患者的生活品质和舒适感。

我指的是针灸、推拿、祈祷、冥想和正念等。这些方法明显能调节免疫系统，并且能影响脑部深层微小的化学变化，来增加幸福感。

这些生命的秘密我们只能用接受的态度面对。举例来说，再想想我之前对于在患者脸上轻轻吹气的功效的解释。

芳香疗法、精油以及各种各样的按摩，例如灵气疗法，确实能够让患者感觉好一些。

那如果是在临终时使用大麻呢？这是一个充满法律和医学争议的领域。多数州对于医用大麻有非常明确的规定，包括治疗孤独症以及不宁腿综合征。一般来说，大麻可以选择性地在一些情况下使用，它对于控制焦虑和恶心有不错的疗效。然而，该领域具有权威性和被普遍接受的研究一直受到审查，具有争议性。

传统的亚洲医学重视经络，并且有证据表明，按摩手腕和手部的某些穴位能够让患者感觉舒适。

我清楚地记得在梅奥诊所有一次关于针灸的展示。讨论者是明尼苏达州一位有名的神经科医生，他放映了一部来自东南亚的视频，视频中有水牛和大象，它们因为关节问题不能活动，经过针灸治疗之后，突然之间，它们又能开始动了！这绝对不是什么精神问题或者作假，更不是巫蛊之术，而是事实！

杜克大学做了一项研究，评估精神及宗教社群对于幸福感的影响。相较于否认任何信仰联结的人来说，平常参加教会活动的人有着更好的生活品质，并且幸福感更高。社会支持的力量或许是作用因素之一。然而，任何一个社会团体，甚至保龄球队或瑜伽爱好团体，都能成为提供社会联结的来源。

在大屠杀的幸存者、精神科医生维克多·弗兰克尔的观察中，对于生命意义和目的的追寻，能够让我们看到有社会联系的人比孤立的个体过得更好。很明显，态度创造现实。在肺癌患者中，悲观主义者过得不如乐观主义者。同样，看到杯中水半满的人，比看到杯中水半空的人过得更好。

因此我们学习到，态度能够创造现实（如前所述），并且我们需要对一些不同的疗法保持开放的态度。

100万年前，人类围绕篝火而坐以对抗冬日的严寒，并且开始养狗作为忠诚的伴侣，不仅用于狩猎，还把狗当作保护者，这建立了人与动物之间的羁绊，并且它通过了时间的考验。抚摸猫狗能让大脑分泌一系列使人感觉良好的化学物质。为什么不用这些免费的药物，把宠物带到日薄西山的主人床边呢？

提醒一句：患者有时会找到我们，说自己正在服用一系列令人眼花缭乱的营养补充剂。他们在街角的药房、健康食品店或网店买到这些东西。推荐护肤霜或营养液的名人并非医学专家，他们全都在玩挣钱的游戏。消费者，要小心啊！

医疗团队也必须了解这些添加剂，这一点很重要。例如过量食用某些维生素会造成凝血系统的问题，从而对那些需要监控凝血的临终患者造成很大的风险。其他的营养补充剂或草药可能含有一些有害成分，甚至其中并没有有效成分。

在传统的医学模式中，我们可能没有所有问题的答案。如果患者选择一种看似安全的疗法，即使它还没有经过同行评议文章的检验，我们都很难建议舍弃它。如果有的话就告诉我们吧，然后我们可以讨论。

# 第三十一章

我们学到了哪些功课？

如果你刚好在病床边照顾亲人时接触到本书，无论是在照顾妈妈、爸爸、姐妹、兄弟、配偶、小孩还是朋友，你此刻肯定心烦意乱，而且觉得情感枯竭。我在医院中看到过你这样的人。

即使在最好的情况下，这些临终之旅也绝非易事。而在考虑生死攸关的治疗决定时，道路变得崎岖不平，充满障碍。

接下来我会尝试总结自己 40 年来在病床边照护临终患者

的经验，希望我的一些洞见能够在艰难时刻带给你一些安慰。

如果你发现没有时间或精力去阅读前面的一些章节，或者你只是想找到我们已经解决的关键问题，让我用一些要点来总结我们讨论中最主要的几个方面。

- **偏好**。当需要做出是否继续治疗，或者是否让所爱之人继续仰赖机器生存的决定时，请询问患者自己的意愿："你想不想通过透析治疗来清除体内的毒素，因为你的肾脏自己无法做到这一点了？""你想用抗生素和其他药物来维持你的血压吗？""你希望在家往生，还是在养老院，或者在重症监护室的监护器灯光下呢？"尽你所能地保证你和医疗团队了解并且达成患者的愿望，即使你不同意患者的想法。难道你不想获得这样的对待吗？

- **安慰**。要知道，我们可以让大多数患者在临终时保持合理的舒适度。然而，我们医疗团队并不能处理所有的谵妄、躁动以及精神混乱的情况。让患者舒服地醒着与让他们处于睡眠状态之间有一条微妙的界线。家属需要明白，有些患者无法同时保持无痛和清醒。如果家属和朋友需要"到最后"来道别和修补关系，千万不要等待。

- **信仰**。我们医疗团队很少会问患者的信仰系统,但是这在临终时是至关重要的。一般来说,大多数患者在讨论他们的灵性时都会感到安心。具体来说,灵性指的是患者的内心在困惑和混乱时对生命的意义和目的的追求。从另一个方面来说,宗教包括了信仰体系中的仪式和程序。你必须坚持让你的医疗团队尊重临终患者的信仰和文化。

- **情感健康**。向患者询问这些问题十分重要:"是什么让你彻夜难眠?""你现在最关心的是什么?"患者的担忧可能与医疗团队或照护者的担忧截然不同。

- **让生命圆满**。如果病情允许,患者想要也需要有机会完成"最后的工作":去讲述自己是谁、他们做过什么、他们希望达成的、他们希望达成但是没有达成的,以及他们相信能为后代留下什么遗产。每个人都希望在世上留下足迹,有时候是一个可爱的家庭,有时候是一个足球场。如果不问,我们永远不会知道。

- **治疗偏好**。患者及家属需要小心了解治疗的利弊以及预期会带来的好处。在临终时,治疗几乎不可能治愈疾病。患者及家属需要了解他们究竟能从治疗中得到些什么。我总是感叹，很多患者就因为一些化疗或心脏支持器械能带来千分之一的好处，就忍受许许多多的副作用，这会给患者及家属带来非常多的不便，可能就为了把生命痛苦地延长几周。我们医疗团队必须确认患者及家属有正确的期待，这样他们才能了解治疗的方方面面，并且能准备接受那些不可避免的后果。

· **尊严**。我们的人性在重症监护室会被剥夺。我们是人，我们每个人都不只是一些临床诊断。我们是人，每个人都拥有自己的过去和未来。要了解患者究竟是谁，他们之前是做什么的，他们最骄傲的是什么，以及他们因为什么后悔。我希望我的医疗同事能更有同理心，并且会询问患者的生命故事，但是有时候他们需要被患者家属或照护者提醒才会想起。

· **生活品质**。要和尊严一起考虑，生活品质包括让临终之人有幸福感，以及在心理、情绪、社交和精神上得到抚慰。我们常常忘记问患者："我们能为你做什么？"

· **家庭**。我们需要知道，一些电视剧或电影里的简单家庭在现实中是不存在的。今天在患者病床边的可能是第二任甚至第三任妻子（或丈夫）、女友（或男友）、同性的生命伴侣，以及各种复杂的关系。家属需要敏锐察觉到每个人的需要。要认识到，混合家庭或再婚家庭关系可能非常紧张，特别是有财产纠纷时——尤其是在没有妥善考虑遗产规划的情况下。

- **医疗团队**。和医护人员的关系是非常重要的。如今，基层医生消失得很快，在这种情况下，患者根本不知道他的治疗团队有谁，特别是在病情危急的时候。患者和家属需要知道医疗团队中谁负责患者的护理，谁是指挥，当有情况或问题时应该找谁，单单知道这个人是谁以及如何找到他，就能改变很多事情。

- **事先打算**。最重要的是，我们需要计划，我们需要事先想好。我们需要确定所有点都连上了——不只是医疗和法律的事宜，还要有预立医嘱和做决定的医疗代理人。对于资金和遗产的财务和法律规划，也同样重要。

说了这么多，在临终时刻，最重要的是我们尽了最大的努力——没有后悔，并认识到我们的生命因为我们触摸过的灵魂、治愈过的伤口，以及修复的关系而有了意义和目的。人生是一场旅程。死亡的过程是这场旅程最后的部分，死亡只不过是最后一刻。我们都是生死旅途上同行的过客。我祝愿你和你的所爱之人能有一个安详的告别。

附　录

预立遗嘱

AARP 为每个州提供可下载的表格。表格由国家安宁与缓和医疗机构的"照护信息"项目提供，该项目是一项全美的消费者参与计划，旨在改善临终关怀：www.aarp.org/caregiving/financial-legal/free-printable-advance-directives/.

临终计划

对话项目（www.theconversationproject.org）是一项公众参与计划，其目标是表达和尊重每个人对临终关怀的愿望。该网站包含可免费下载的工具，帮助开启与所爱之人的对话。

致　谢

我感恩于在梅奥诊所工作的 40 多个寒暑，以及多年来与我共事的所有同事。我也非常感谢成千上万的患者和家属，允许我分享他们的生死旅程——常常是在面对生死关头或者揪心的抉择之际。我永远不会忘记他们带给我事业上的这些丰富宝藏。我为他们的善良以及理解深感折服。

比弗利·海恩斯护士——明尼苏达州罗彻斯特四季养老院的执行院长，对如何在独立机构中运作安宁照护中心提供了宝贵的见解，这确实是一个为他人提供关怀的典范。他在四季养老院的社工同事茱莉·耶瑟芙，贡献了许多在养老院和家属互动的细节。我在医院做医生的经历，与养老院中较为轻松的环境经常大不相同。比佛利和茱莉是最好的养老院照护者。

我感谢我的缓和医疗同事凯斯·斯威特医生，他是伯明翰退伍军人医学中心的缓和医疗部副教授和主治医师，以及安全港缓和医疗部门的医疗总监。还有凯斯·曼索尔医生，他是密西西比医学中心的内科教授和缓和医疗及支持疗法部门的主任。他们追着审阅我的手稿，以确保医疗方面的内容准确无误。但如果本书仍有错误之处，我承认是我个人造成的。我认为他们十分享受这项任务。缓和医疗这份工作需要某些特定性格的人夜以继日地工作，而这两位医生都是缓和医疗领域的佼佼者。

我的行政助手凯蒂·科斯特勒一直非常支持我。我很高兴有凯蒂对相关科学文章做研究，并且非常认真地完成了工作（也一直忍受我歪七扭八的字迹）。

每一位作者都仰赖早期读者来让他完成工作并给他回应，而我的这群早期读者也特别勤勉诚实。我特别感谢佛列德·奈特和多纳·米斯巴赫。我感谢凯蒂·伍德·林德女士分享自己的故事并允许我们在书里讲述出来（在我心中她有特殊的地位，因为对医生来说，她是最具有启发意义的患者，并且有关她的医疗奇迹故事至今仍在传颂）。

我感谢里克·沃尔曼、茱蒂·阿金婷、理查·布拉克、茱莉安·阿黛尔、茱蒂·巴顿以及艾琳·布雷纳。我感谢丽莎·德鲁克，她那编辑的红笔让我们避免发生语法以及格式上的错误，她在遣词用句的判断上一向令人惊叹。

对于出版本书的科塞治营销公司（Concierge Marketing）的出版团队，再次谢谢你们给我指导以及发挥创造力。我感谢我的合著者珊德拉·温德尔，她在编辑上的聪颖以及在写作技巧上敏锐的洞察力是重要的催化剂,让作品能够切合临床经验。珊德拉本人处理家人的临终疾病的经历,为我们的努力添砖加瓦。

最后,我谢谢我的家人:我的妻子佩姬·门塞尔、我们的治疗动物、我们的三个孩子以及他们的妻子,还有两个孙子。佩姬非常耐心地、不知疲倦地为我冷漠的行文带来温暖的气息,因为她了解照顾临终的挚爱父母的痛苦。没有我的家人的爱和支持,这个从灵魂深处而来的故事永远不会呈现。

我们都听过这样的箴言,告诉我们养育一个孩子需要整个村庄的共同努力,并且没有人是一座孤岛。这话是千真万确的,如果没有一群聪明和富于创造力的先行者,没有任何书能够成书。就本书而言,那些英勇的先行者和受难者,他们的目标只有一个:教会我们如何活着,以及如何安详而有尊严地离开人世。

图书在版编目（CIP）数据

临终抉择/(美)艾德华·科瑞根(Edward T. Creagan)，(美)珊德拉·温德尔(Sandra Wendel)著；吴秉宪，刘洋于今，杜侬婷译.--北京：华夏出版社有限公司，2023.1

书名原文：Farewell: Vital End-of-Life Questions with Candid Answers from a Leading Palliative and Hospice Physician

ISBN 978-7-5222-0384-3

Ⅰ.①临… Ⅱ.①艾… ②珊… ③吴… ④刘… ⑤杜… Ⅲ.①临终关怀 Ⅳ.①C913.9

中国版本图书馆 CIP 数据核字(2022)第 155880 号

© 2019 Edward T. Creagan and Sandra Wendel
First published by Write On Ink Publishing

版权所有，翻印必究。

北京市版权局著作权合同登记号：图字 01-2022-0801 号

临终抉择

著　　者	[美]艾德华·科瑞根　[美]珊德拉·温德尔
译　　者	吴秉宪　刘洋于今　杜侬婷
审　　校	崇新云
策划编辑	陈志姣
责任编辑	陈志姣
营销编辑	张雨杉
版权统筹	曾方圆
责任印制	刘　洋
装帧设计	殷丽云
出版发行	华夏出版社有限公司
经　　销	新华书店
印　　刷	三河市少明印务有限公司
装　　订	三河市少明印务有限公司
版　　次	2023 年 1 月北京第 1 版　2023 年 1 月北京第 1 次印刷
开　　本	880×1230　1/32 开
印　　张	9.75
字　　数	168 千字
定　　价	59.80 元

华夏出版社有限公司　地址：北京市东直门外香河园北里 4 号　邮编：100028
网址：www.hxph.com.cn　电话：(010)64663331(转)
若发现本版图书有印装质量问题，请与我社营销中心联系调换。